MIGRANTES EM UMA EXPERIÊNCIA DE ALFABETIZAÇÃO "NÃO ESCOLAR"
UMA FORMA DE INCLUSÃO SOCIAL

Editora Appris Ltda.
1.ª Edição - Copyright© 2025 da autora
Direitos de Edição Reservados à Editora Appris Ltda.

Nenhuma parte desta obra poderá ser utilizada indevidamente, sem estar de acordo com a Lei nº
9.610/98. Se incorreções forem encontradas, serão de exclusiva responsabilidade de seus organi-
zadores. Foi realizado o Depósito Legal na Fundação Biblioteca Nacional, de acordo com as Leis nos
10.994, de 14/12/2004, e 12.192, de 14/01/2010.

Catalogação na Fonte
Elaborado por: Dayanne Leal Souza
Bibliotecária CRB 9/2162

C118m
2025
	Cacemiro, Zulmira Ferreira de Jesus
	    Migrantes em uma experiência de alfabetização "não escolar": uma forma
	de inclusão social / Zulmira Ferreira de Jesus Cacemiro. – 1. ed. – Curitiba:
	Appris, 2025.
	    163 p. : il. ; 21 cm. – (Coleção Educação, Tecnologias e Transdisciplinaridades).
	
	    Inclui referências.
	    ISBN 978-65-250-7327-9
	
	    1. Alfabetização. 2. Jovens e adultos. 3. Experiência educacional.
	4. Inclusão social. I. Cacemiro, Zulmira Ferreira de Jesus. II. Título.
	III. Série.
	
	                                                                        CDD – 372.41

Livro de acordo com a normalização técnica da ABNT

Appris
editorial

Editora e Livraria Appris Ltda.
Av. Manoel Ribas, 2265 – Mercês
Curitiba/PR – CEP: 80810-002
Tel. (41) 3156 - 4731
www.editoraappris.com.br

Printed in Brazil
Impresso no Brasil

Zulmira Ferreira de Jesus Cacemiro

MIGRANTES EM UMA EXPERIÊNCIA DE ALFABETIZAÇÃO "NÃO ESCOLAR"

UMA FORMA DE INCLUSÃO SOCIAL

Appris
editora

Curitiba, PR
2025

FICHA TÉCNICA

EDITORIAL
Augusto Coelho
Sara C. de Andrade Coelho

COMITÊ EDITORIAL
Ana El Achkar (Universo/RJ)
Andréa Barbosa Gouveia (UFPR)
Antonio Evangelista de Souza Netto (PUC-SP)
Belinda Cunha (UFPB)
Délton Winter de Carvalho (FMP)
Edson da Silva (UFVJM)
Eliete Correia dos Santos (UEPB)
Erineu Foerste (Ufes)
Fabiano Santos (UERJ-IESP)
Francinete Fernandes de Sousa (UEPB)
Francisco Carlos Duarte (PUCPR)
Francisco de Assis (Fiam-Faam-SP-Brasil)
Gláucia Figueiredo (UNIPAMPA/ UDELAR)
Jacques de Lima Ferreira (UNOESC)
Jean Carlos Gonçalves (UFPR)
José Wálter Nunes (UnB)
Junia de Vilhena (PUC-RIO)

Lucas Mesquita (UNILA)
Márcia Gonçalves (Unitau)
Maria Aparecida Barbosa (USP)
Maria Margarida de Andrade (Umack)
Marilda A. Behrens (PUCPR)
Marília Andrade Torales Campos (UFPR)
Marli Caetano
Patrícia L. Torres (PUCPR)
Paula Costa Mosca Macedo (UNIFESP)
Ramon Blanco (UNILA)
Roberta Ecleide Kelly (NEPE)
Roque Ismael da Costa Güllich (UFFS)
Sergio Gomes (UFRJ)
Tiago Gagliano Pinto Alberto (PUCPR)
Toni Reis (UP)
Valdomiro de Oliveira (UFPR)

SUPERVISORA EDITORIAL
Renata C. Lopes

REVISÃO
Ana Carolina de Carvalho Lacerda

DIAGRAMAÇÃO
Andrezza Libel

CAPA
Mateus Andrade Porfírio

REVISÃO DE PROVA
Daniela Nazario

COMITÊ CIENTÍFICO DA COLEÇÃO EDUCAÇÃO, TECNOLOGIAS E TRANSDISCIPLINARIDADE

DIREÇÃO CIENTÍFICA
Dr.ª Marilda A. Behrens (PUCPR)
Dr.ª Patrícia L. Torres (PUCPR)

CONSULTORES
Dr.ª Ademilde Silveira Sartori (Udesc)
Dr.ª Iara Cordeiro de Melo Franco (PUC Minas)

Dr. Ángel H. Facundo
(Univ. Externado de Colômbia)
Dr. João Augusto Mattar Neto (PUC-SP)

Dr.ª Ariana Maria de Almeida Matos Cosme
(Universidade do Porto/Portugal)
Dr. José Manuel Moran Costas
(Universidade Anhembi Morumbi)

Dr. Artieres Estevão Romeiro
(Universidade Técnica Particular de Loja-Equador)
Dr.ª Lúcia Amante (Univ. Aberta-Portugal)

Dr. Bento Duarte da Silva
(Universidade do Minho/Portugal)
Dr.ª Lucia Maria Martins Giraffa (PUCRS)

Dr. Claudio Rama (Univ. de la Empresa-Uruguai)
Dr. Marco Antonio da Silva (Uerj)

Dr.ª Cristiane de Oliveira Busato Smith
(Arizona State University /EUA)
Dr.ª Maria Altina da Silva Ramos
(Universidade do Minho-Portugal)

Dr.ª Dulce Márcia Cruz (Ufsc)
Dr.ª Maria Joana Mader Joaquim (HC-UFPR)

Dr.ª Edméa Santos (Uerj)
Dr. Reginaldo Rodrigues da Costa (PUCPR)

Dr.ª Eliane Schlemmer (Unisinos)
Dr. Ricardo Antunes de Sá (UFPR)

Dr.ª Ercilia Maria Angeli Teixeira de Paula (UEM)
Dr.ª Romilda Teodora Ens (PUCPR)

Dr.ª Evelise Maria Labatut Portilho (PUCPR)
Dr. Rui Trindade (Univ. do Porto-Portugal)

Dr.ª Evelyn de Almeida Orlando (PUCPR)
Dr.ª Sonia Ana Charchut Leszczynski (UTFPR)

Dr. Francisco Antonio Pereira Fialho (Ufsc)
Dr.ª Vani Moreira Kenski (USP)

Dr.ª Fabiane Oliveira (PUCPR)

AGRADECIMENTOS

Aos meus filhos, Raquel e Pedro, que enchem meu coração de esperança e de amor, elementos tão necessários para continuar na luta por um convívio social mais justo e respeitador das diferenças. Aos educandos da alfabetização de adultos, cuja condição de vida assemelha-se à história de vida dos meus pais, e constituíram a base fundamental da discussão existencial tratada neste trabalho.

De modo especial, agradeço à professora doutora Nereide Saviani, líder o do meu primeiro Grupo de Pesquisa, e à professora doutora Maria de Fátima Barbosa Abdalla, que coordena o meu atual Grupo de Pesquisa Grupo de Pesquisa CNPq, "Instituições de Ensino: políticas e práticas pedagógicas", da Unisantos. Estendo esses agradecimentos aos demais integrantes dos GPs pelo incentivo para essa publicação.

[...] inacabado, sei que sou um ser condicionado, mas, consciente do meu inacabamento, sei que posso ir mais além dele. Esta é a diferença profunda entre o ser condicionado e o ser determinado. A diferença entre o inacabado que não se sabe como tal e o inacabado que histórica e socialmente alcançou a possibilidade saber-se inacabado .

(Freire, 1996b, p. 53, grifo nosso).

APRESENTAÇÃO

Nesta obra você encontrará um estudo aprofundado sobre a condição de migrantes nordestinos que frequentaram uma experiência de alfabetização, realizada entre 2002 e 2008 na Vila do Areião, no município de Guarujá-SP. O estudo desvela o circuito perverso circunscrito em três aspectos: o desejo de aprender a ler e escrever, a necessidade de inserção no mundo de trabalho e as condições sociais reais e concretas que marcam e impem a inclusão social.

Defendi este estudo, de cunho investigativo e abordagem qualitativa, integrado à produção realizada pelo Grupo de Pesquisa sobre Formação do Educador, coordenado pela professora doutora Nereide Saviani, no Programa de Pós-Graduação Stricto Sensu em Educação da Universidade Católica de Santos em 2008. Na ocasião, a banca examinadora indicou a publicação da dissertação, tanto como um registro histórico ligado à uma ação educativa de uma experiência de alfabetização "não escolar" quanto como uma forma de anúncio/denúncia sobre a condição de migrantes nordestinos que não tiveram acesso à educação escolar.

Entretanto, para tornar a leitura agradável, atualizei e reorganizei os capítulos e a reescrita do texto original. Afora isso, atualizei e ampliei as análises em consonância com dois artigos: a) Encontro-aulas de alfabetização "não escolar": como forma de resistência à espaços/tempos neoliberais, Trabalho Completo – 13ª Reunião Científica Regional da ANPEd-Sudeste (2018a) publicado nos Anais; b) o artigo "Narrativas de Migrantes: experiência de alfabetização 'não escolar'" (Cacemiro; Nunes, 2021). Este último foi publicado no livro eletrônico *Epistemologia e Metodologia da Pesquisa Interdisciplinar em Ciências Humanas 2* (Antunes, 2021).

Finalizo esta apresentação com Freire (2014a, p. 41), que nos ajuda a trilhar o caminho do anúncio/denúncia e nos diz que "comprometer-se com a desumanização é assumi-la e, inexoravelmente, desumanizar-se também".

APRESENTAÇÃO[1]

A vida de Profissionais da Educação lhes reserva muitas alegrias e grandes emoções. Cada realização de estudantes, qualquer que seja a fase da escolaridade, representa, simultaneamente, realização e orgulho de mestres que marcaram sua trajetória e os resultados de seu trabalho conjunto.

No caso em apreço, tive a honra de ser professora de *Zulmira Ferreira de Jesus Cacemiro* no Mestrado em Educação da UNISANTOS (Universidade Católica de Santos / SP) e assumir sua orientação, acompanhando a pesquisa, elaboração e defesa da Dissertação.

Zulmira sempre se mostrou muito dedicada aos estudos, destacando-se nos debates dos temas, problemas e perspectivas de desenvolvimento das áreas implicadas nos seus interesses de pesquisa, ligados ao objeto definido já desde o início do Mestrado.

Na Defesa, a Banca Examinadora elogiou muito o trabalho, aprovou-o sem ressalvas e, por unanimidade, recomendou a publicação em livro, com minha anuência, certamente.

Nas circunstâncias acadêmicas, nem sempre orientadores e orientados se mantêm em contato direto após a atribuição/ obtenção do título.

Assim, foi com muita alegria e grande orgulho que recebi novo contato de Zulmira, já com Doutorado, me informando da publicação da sua Dissertação, com a devida revisão e algumas atualizações. Esta notícia, em si, já me encheu de júbilo! Emoção potencializada com o convite para escrever a *Apresentação* do livro!

O título mantém referência à *experiência de alfabetização "não escolar"* (adequadamente, entre aspas). Na verdade, trata-se de experiência *não convencionalmente* escolar. Pois as aulas eram ministradas por uma professora, com experiência didática.

---

[1] Referente ao livro: **Migrantes em uma experiência de alfabetização "não escolar": uma forma de inclusão social** - Zulmira Ferreira de Jesus Cacemiro.

Possivelmente, os migrantes se viam como alunos e percebiam o local de funcionamento, na comunidade, como escola. Tais percepções seriam, também, ingredientes da identificada **forma de inclusão.**

A leitura deste livro possibilitará importantes reflexões sobre a teia de adversidades da vida de migrantes nordestinos nos centros metropolitanos do Sudeste, mas também dos seus anseios e possibilidades de emancipação. Como diz a Autora, na Apresentação:

> O estudo desvela o circuito perverso circunscrito em três aspectos: o desejo de aprender a ler e escrever, a necessidade de inserção no mundo de trabalho e as condições sociais reais e concretas que marcam e impem a inclusão social.

Ao longo da obra - estruturada em quatro (04) Capítulos, além da INTRODUÇÃO e das CONSIDERAÇÕES FINAIS - a Autora tece considerações e análises que apontam para a **experiência de alfabetização "não escolar":**

1. Como FORMA DE RESISTÊNCIA, no âmbito da sua *contextualização sociopolítica*, situando seu palco na comunidade do Areião, em Guarujá.

2. Com fundamentos teóricos na concepção de SUJEITO HISTÓRICO-SOCIAL, discutindo aspectos da CONDIÇÃO HUMANA na teoria da Educação, na perspectiva marxista e na perspectiva freireana.

3. Descrita e analisada a partir de procedimentos metodológicos de **pesquisa exploratória**, apresentando o referencial teórico e o levantamento de informações em Dissertações, nos anos 2000 a 2006.

4. Cujos resultados, no caso em estudo, indicam um "CIRCUITO PERVERSO" na relação entre SOBREVIVÊNCIA, TRABALHO E ESTUDO, descrevendo e analisando os resultados da pesquisa sobre o **perfil dos participantes,** suas

narrativas autobiográficas quanto ao acesso, ou não, à escola – em que aparecem questões sobre objetibidade/subjetividade, tais como *"saberes cognitivos/afetivos/sociais/culturais"* e *"identidade social e profissional"*

Nas CONSIDERAÇÕES FINAIS, a Autora retoma os propósitos do estudo, que buscou "tratar o problema dos obstáculos que sofreram os migrantes investigados, sujeitos históricos-sociais, em relação ao acesso ao conhecimento da leitura e da escrita na educação escolar". Propósitos esses, explicitados em cinco (05) objetivos:

"**1º Objetivo:** compreender a condição de vida de migrantes, sujeitos históricos- sociais, investigados nesta pesquisa, no âmbito dos estudos filosófico- antropológicos, pelo viés da triangulação entre conceitos teóricos marxista e freireano e a questão identitária pela atividade de trabalho.

[...]

2º Objetivo: identificar e analisar os saberes cognitivos/afetivos, sociais e culturais e a visão de mundo dos migrantes sobre as vicissitudes do acesso e do não acesso à escolarização e de sua visão sobre as possibilidades de ingresso, ou não, na educação escolar, quais sejam, os migrantes:

[...]

3º Objetivo: refletir sobre uma investigação temática realizada em Rodas de Diálogo com os participantes desta pesquisa, na perspectiva da pesquisa de narrativas autobiográficas e da experiência do vivido.

[...]

4º Objetivo: contribuir com a discussão sobre o direito à educação daqueles que não tiveram acesso à alfabetização escolar, portanto uma discussão sobre caminhos possíveis à inclusão social."

Ao finalizar esta **APRESENTAÇÃO**, reitero minhas felicitações à Professora Doutora **Zulmira Ferreira de Jesus Cacemiro**, pela iniciativa de publicar, em livro, este importantíssimo trabalho. Manifesto, mais uma vez, minha honra e meu orgulho por participar desse belo projeto. Recomendo sua leitura a professores e estudantes da Educação e áreas afins, com muitos debates e ampla divulgação.

São Vicente/SP, 08 de novembro de 2024.

Nereide Saviani

nereide.saviani@gmail.com

Doutora em Educação pela PUC-SP. Membro do Conselho Curador da Fundação Maurício Grabois.

PREFÁCIO

Retratos resistentes de uma realidade perversa: lutando por possibilidades de inclusão social

Ainda que tirados de imediato, um após outro, os retratos serão entre si muito diferentes. Se nunca atentou isso, é porque vivemos de modo incorrigível, distraídos das coisas importantes.

(Guimarães Rosa, 1964, p. 71)

O privilégio que tenho de tecer algumas reflexões sobre este livro, cujo título versa sobre os "Migrantes em uma experiência de alfabetização não-escolar: uma forma de inclusão social", tem a ver, certamente, com sua relevância temática, não só para a Educação, mas, sobretudo, para a sociedade contemporânea brasileira.

Nesta perspectiva, a autora, Profa. Zulmira Ferreira de Jesus Cacemiro, a quem tive o prazer em orientá-la em seu Doutorado, apresenta vários "retratos resistentes de uma realidade perversa". Retratos que são, como diria Guimarães Rosa (1964, p. 71), "muito diferentes" e que, necessariamente, precisam ser observados por nós, leitores, para que possamos tomar posições no mundo de hoje.

A gravidade desses "retratos" tem a ver com as ideias e práticas que se desenvolvem em nossas escolas, nas salas de aula, ou seja, nos espaços escolares. Mas também, nos espaços "não escolares", como é o caso da investigação, aqui analisada, que reforça um alerta para aqueles/as professores/as que trabalham e pesquisam no, sobre e para o campo educacional brasileiro.

Mas do que trata este livro? Por que considerá-lo relevante para o campo educacional? Quais foram os aspectos desenvolvidos pela autora no sentido de mostrar o que estamos ressignificando como "retratos resistentes de uma realidade perversa"? Em que medida a experiência desenvolvida neste livro pode ser considerada como uma "forma de inclusão social", tal qual a própria autora indica? E como seguir em nossa luta por condições de possibilidades para que todos os brasileiros tenham direito a uma educação justa, solidária e inclusiva? Talvez, essas questões, retratadas nas linhas e entrelinhas desta obra, possam contribuir não só para compreender melhor o mundo em que vivemos, mas, sobretudo, para transformá-lo, tal como a Profa. Zulmira deseja.

Ao tratar da relevância das ideias que circulam neste livro, não posso deixar de recorrer, mais uma vez, a Guimarães Rosa (1908-1967), quando revela que os traços relevantes podem ser observados por meio das perspectivas/intenções que o autor assume em cada uma de suas obras, da atmosfera e da temperatura emocional, em que seus personagens se envolvem, assim como da ambiência de como retrata suas falas populares e regionais e no encantamento de como reinventa as palavras.

Tal qual Guimarães Rosa (1964), o livro da Profa. Zulmira traz um espaço de reflexões e de "retratos diferentes" sobre o significado da exclusão social a que estiveram submetidos seus sujeitos de pesquisa: os migrantes nordestinos. E, neste sentido, acaba traduzindo, de um lado, o sofrimento social por que passam esses alunos no enfrentamento de suas dificuldades e desafios cotidianos; e, de outro, as possibilidades de resistência e de resiliência a ele. O que nos faz, mais uma vez, pensar nas palavras de Guimarães Rosa (1994, p. 840), quando diz que: "Viver – não é? - é muito perigoso. Porque ainda não se sabe. Porque aprender-a-viver é que é o viver, mesmo" (grifos nossos).

O trabalho da Profa. Cacemiro faz com que reflitamos sobre este "aprender-a-viver", levantando questões políticas e sociais que envolvem o sofrimento social, retratado no convívio com seus alunos, ao analisar as formas sutis de exclusão e de espoliação humana, que, segundo a autora, aguçam a exploração do capitalismo e do neoliberalismo. Mas, ao mesmo tempo, apresenta, também, saídas para que seus alunos aprendam a relação com o mundo e com eles próprios e suas condições de possibilidade para resistir e serem resilientes. O que significa, ainda, que, por meio da leitura freireana do mundo, a autora procura potencializar formas de inclusão social, que se manifestam desde as falas desses sujeitos a respeito de seus desejos de justiça social, nas relações de afeto, de escuta sensível, conforme o processo de ensino e aprendizagem vivenciado, por exemplo, nas Rodas de Diálogo.

Nesta perspectiva a Profa. Zulmira procura também reafirmar, a todo momento, a intenção maior deste seu livro que se baseia em: "analisar a condição de vida de migrantes envolvidos na experiência de alfabetização de adultos 'não escolar' sobre as vicissitudes do acesso, ou não, à escolarização pública e a visão desses sujeitos sobre o ingresso/permanência na escola para a aprendizagem da leitura e escrita". Além disso, foi possível notar, neste seu trabalho, como ela conseguiu reunir evidências em torno deste seu objetivo, buscando retratar as falas, os sentimentos e as histórias de vida de seus alunos/as: migrantes nordestinos/as da Vila de Areião do município de Guarujá/SP.

Podemos indicar, ainda, que este seu objetivo foi plenamente alcançado, na medida em que escolheu os fios teóricos que fundamentaram o caminho da pesquisa e deram sustentação para a análise e discussão dos dados, buscando alinhavar uma série de aspectos significativos para a compreensão do texto como um todo, e, em especial, da pesquisa desenvolvida.

A autora consegue configurar, no interior deste seu livro, alguns dos "retratos resistentes de uma realidade perversa", ao fundamentar o "circuito perverso", em que seus alunos vivem e convivem, e que ela considera como: sobrevivência-trabalho-estudo. Entretanto, a Profa. Cacemiro defende, a todo momento, a ideia de que existe a possibilidade de se constituírem caminhos criativos e desburocratizantes para a criação e a implementação de políticas públicas, que possam garantir o direito à educação para todos, em especial, para aqueles que estão em condição de exclusão social e escolar.

Nesta linha de pensamento, em um primeiro momento, a autora sustenta ideias que vão apresentando uma adequada contextualização sociopolítica da experiência de alfabetização "não escolar" vivenciada por ela junto a seus alunos.

É importante ressaltar, aqui, que além de contextualizar o município de Guarujá e o Programa de Reestruturação Habita Brasil (PRHB/BID), desenvolvido nas vilas Rãs, Sossego e Areião, a Profa. Zulmira explicita que se trata de um Programa, financiado pelo Banco Interamericano de Desenvolvimento (BID), que somente tem uma aparência de ajuda comunitária, mas que está, sobretudo, a serviço de uma política globalizada, capitalista, financista e neoliberal. O que vem influenciar, como a própria autora reforça, uma cultura marcada pelo pensamento liberal e neoliberal.

Além disso, depois de uma série de dificuldades apontadas, a Profa. Zulmira afirma que foi possível desenvolver, a partir de uma perspectiva freireana, um trabalho de resistência, de luta pela emancipação dos sujeitos, tendo por horizonte a sua autonomia, sem descuidar da apropriação e construção da leitura e da escrita.

Em um segundo momento, a autora apresenta a fundamentação teórica deste livro, ressaltando a importância de se considerar o "sujeito histórico-social". Dessa forma, desenvolve o que denomina como "três elos teóricos", que se baseiam na: 1º condição humana material histórica em Marx; 2º vocação humana de "ser mais" em Freire; e 3º construção identitária, apoiando-se em Dubar.

Esses "elos teóricos" também nos fazem lembrar de como a autora conseguiu, de fato, articulá-los na análise e discussão dos dados, de modo a clarificar as relações entre o "sujeito histórico-social" – os migrantes nordestinos –, o desejo de "ser mais" freireano, ao desenvolver uma consciência crítica sobre a vida, e refletir sobre a própria "constituição identitária" pessoal e social, como bem discute a autora.

Já, em um terceiro momento, busca desvelar os caminhos metodológicos traçados, explicitando: o contexto da pesquisa; os sujeitos (25 relataram suas trajetórias de vida em situação de alfabetização "não escolar", e 11 participaram das Rodas de Diálogo); e os procedimentos metodológicos. Em relação a esses procedimentos, é preciso registrar, aqui, que se trata de uma pesquisa-ação, precedida de uma pesquisa exploratória e que constou de: a) aplicação de questionários semiestruturados (1ª etapa); b) narrativas sobre as trajetórias de vida relacionadas ao acesso à escolarização (2ª etapa); e c) Rodas de Diálogo (3ª etapa). Esses diferentes "retratos" metodológicos, em especial, as Rodas de Diálogo, puderam fundamentar, por meio de seus referenciais teóricos e da análise de conteúdo, o que a autora está denominando como "circuito perverso". Ou seja, as questões que envolvem o seu alunado no que diz respeito à "sobrevivência-trabalho-estudo (ou desejo de estudar)".

A seguir, o quarto momento trata da análise e interpretação dos dados, sob o foco de duas dimensões de análise: 1ª o circuito perverso - que coloca o acento nas questões de sobrevivência, trabalho e estudo; assim como na subjetividade, que compreende o desejo de aprender ler e os obstáculos reais; e 2ª a identidade – que, por meio das narrativas dos sujeitos, busca interpretar as trajetórias pessoais sobre as condições de vida e trabalho em relação ao acesso à educação escolar.

Nesta direção, alguns dos resultados da pesquisa, segundo a Profa. Zulmira, possibilitaram entender os motivos da "perversidade cíclica". Isso fica claro, quando evidencia a necessidade de se ampliar a discussão sobre: 1º os motivos que levaram muitos brasileiros a não terem acesso à escola; 2º o entendimento da Educação como direito de todos; 3º a necessidade de: a) desmistificar ideias de que a pobreza seria representada pela "vontade de Deus"; b) produzir diálogos mais horizontais e na direção de uma escuta sensível; e c) compreender que a realidade social não é estática e imutável.

Por último, as considerações finais propostas pela autora apresentam, ainda, preocupações relacionadas à escola, que não tem respondido às necessidades daqueles alunos carentes e que se encontram fora da idade prevista, como é caso dos migrantes que são marcados pela exclusão social e escolar. E defende a ideia de que é preciso que a sociedade brasileira, que se diz democrática, construa caminhos criativos e desburocratizantes para a educação pública e para e educação popular, tendo como horizonte o direito à alfabetização e à educação escolar daqueles que pertencem às classes populares e que precisam ser incluídos em uma perspectiva crítica e emancipatória de apropriação de conhecimento de leitura e escrita.

Este livro, ao tratar de uma experiência de alfabetização "não escolar", indicando que há uma "forma de inclusão social" (ou formas de inclusão), apresenta reflexões teóricas, filosóficas, conceituais e metodológicas, que nos ajudam a compreender, ainda, a respeito das dimensões da exclusão.

A primeira dimensão tem a ver com a "desigualdade social", vivenciada pelos migrantes nordestinos, alunos da Profa. Zulmira, mas também retratada pelo cenário da sociedade brasileira. Sabemos que há um descompromisso político, cada vez maior, com as condições humanas de saúde, habitação, trabalho, educação e, neste caso, da experiência aqui desenvolvida, há uma falta de compromisso com os migrantes, que, por vezes, são segregados não só de modo socioespacial, mas, sobretudo, educacional. Foi possível observar, a partir das trajetórias de vida narradas, que as desigualdades socioespaciais acabam exercendo efeitos perversos sobre as desigualdades educacionais.

Este é um "retrato" dos migrantes, em geral, e da população mais carente, que possui baixa renda, tem poucos recursos e pouca escolaridade, e que, normalmente, reside em regiões periféricas, distanciando-os de outros setores que apresentam mais oportunidades educacionais e culturais de vivência e convivência. Diria Guimarães Rosa (1994, p. 840): "Viver é muito perigoso". E anuncia Francisca (2008), uma das alunas da Profa. Zulmira: "Estamos vivendo ainda. Eu não passei fome não, né? Mas esse negócio de aprender ler e escrever não deu, não".

A segunda dimensão da exclusão poderia estar aqui representada pela "injustiça social", o que envolve questões em torno dos direitos humanos, sua proteção e promoção. O que presenciamos é que, em nossa sociedade, a violação sistemática aos direitos humanos, retratada por formas de violência, corrupção, discriminações e constrangimentos, desestabilizam a cultura vivenciada por nós, que poderia ser mais democrática no sentido de proteger e promover os direitos humanos para todos os cidadãos brasileiros.

No caso dos migrantes nordestinos, há, por princípio, uma enorme injustiça social, porque a realidade apresentada por eles é, sobretudo, muito precária e frágil, colocando-os como marginalizados, discriminados e excluídos. Eles sabem disso, porque tomam consciência crítica do que lhes acontece, a partir das Rodas de Diálogo, e afirmam que precisam de justiça social, reconhecimento como seres humanos. Como diz Severino (2008), um outro aluno: "Não tinha nem jeito de ir pra escola. A condução de ônibus nem passava perto. [...] Só trabalhar mesmo". O que me fez lembrar de Riobaldo, em "Grande Sertões: Veredas" (Guimarães, 1994, p. 852), quando lamenta: "E, o pobre de mim, minha tristeza me atrasava, consumido. Eu não tinha competência de querer viver, tão acabadiço, até o cumprimento de respirar me sacava". Ou mesmo, quando só lhe resta dizer: "Esperançando meu destino: desgraça de mim! Eu! Eu..." (p. 852).

Tais frases nos levam a pensar sobre a terceira dimensão da exclusão, que poderia se traduzir como o sofrimento social. Sofrimento, que carregam esses alunos pela desqualificação social, pelo medo do que tem que ser enfrentado, pelo vazio em que se encontram, pela necessidade por que passam, pelas incertezas da vida que, para esses sujeitos, são bem maiores... Ou seja, bradam, mais uma vez, como a fala de Riobaldo, em: "Viver é muito perigoso!" (Guimarães Rosa, 1994, p. 840). Ou mesmo, como reforça Luiza (2008), uma outra aluna: "Olha, minha gente, é uma tristeza a gente viver desse jeito. [...] É uma luta com o medo de que alguém descobrisse que eu não sabia ler".

Com os "diferentes retratos" de seus alunos, a Profa. Zulmira anuncia que é preciso "sobreviver" a esta "perversidade cíclica". E, a cada passo, anuncia abertura para uma luta por condições de possibilidades de inclusão social, no sentido de abrir brechas para práticas pedagógicas alternativas, que girem em torno de saberes cognitivos, afetivos, sociais e culturais, e que deem sentido crítico, emancipador e criativo aos alunos. Saberes que possam abrir espaços para novas experiências que possibilitem reconstituir suas identidades pessoais e sociais na direção de um caminho humanizador, democrático, pluralista e participativo.

Por fim, cumprimento, mais uma vez, a Profa. Dra. Zulmira Ferreira de Jesus Cacemiro, pelas reflexões que foram realizadas ao longo deste livro, e, principalmente, por sua relevância e pertinência ao campo educacional e outras áreas afins. Com certeza, este livro merece uma leitura atenta por parte dos profissionais da educação e demais pesquisadores/as, no sentido de que possam ser realizadas as articulações necessárias, avaliando e legitimando nossas lutas por um mundo mais solidário, justo e inclusivo!

Que todos possam aproveitar este livro e divulgá-lo!

São Paulo, 29 de janeiro de 2025.

Maria de Fátima Barbosa Abdalla

Referências

GUIMARÃES ROSA, João. Primeiras estórias. 2. ed. Rio de Janeiro: José Olympio, 1964.

GUIMARÃES ROSA, João. Grande Sertão: Veredas. v. II. Rio de Janeiro: Nova Aguilar, 1964.

Dados da autora:

Profa. Dra. do Programa de Pós-Graduação Stricto Sensu em Mestrado e Doutorado em Educação da Universidade Católica de Santos/UNISANTOS. Pesquisadora associada ao Centro Internacional de Estudos em Representações Sociais e Subjetividade – Educação/ CIERS-ed/FCC, Cátedra Unesco "Profissionalização Docente". Membro da Diretoria da ANFOPE – Associação Nacional pela Formação dos Profissionais em Educação, membro da ANPED – Associação Nacional de Pós-Graduação e Pesquisa em Educação, da SBPC – Sociedade Brasileira para o Progresso da Ciência, e da LASA – Latin American Studies Association, dentre outras entidades nacionais e internacionais.

SUMÁRIO

INTRODUÇÃO 27

CAPÍTULO 1
DA CONTEXTUALIZAÇÃO SOCIOPOLÍTICA DA EXPERIÊNCIA DE ALFABETIZAÇÃO "NÃO ESCOLAR" 33
1.1 GUARUJÁ E O CONTEXTO HISTÓRICO E SOCIAL....................34
1.2 PROGRAMA DE RESTRUTURAÇÃO HABITAR BRASIL (PRHB/BID) NAS VILAS RÃ, SOSSEGO E AREIÃO....................37
1.3 POLÍTICA GLOBAL: NEOLIBERALISMO E SUA ESTRUTURA 40
1.4 EXPERIÊNCIA DE ALFABETIZAÇÃO "NÃO ESCOLAR": UMA FORMA DE RESISTÊNCIA 45

CAPÍTULO 2
DAS REFLEXÕES TEÓRICAS: SUJEITO HISTÓRICO-SOCIAL 55
2.1 NATUREZA HUMANA E CONDIÇÃO HUMANA EM RELAÇÃO À TEORIA DE EDUCAÇÃO...57
2.2 CONDIÇÃO HUMANA NA PERSPECTIVA MARXISTA 60
2.3 CONDIÇÃO HUMANA NA PERSPECTIVA DA TEORIA DE EDUCAÇÃO FREIREANA 70
2.4 IDENTIDADE SOCIAL E PROFISSIONAL EM DUBAR 76

CAPÍTULO 3
DOS CAMINHOS METODOLÓGICOS 81
3.1 DESENHO DO CAMINHO METODOLÓGICO EM FLICK (2009) E O REFERENCIAL TEÓRICO 83
3.2 PESQUISA EXPLORATÓRIA: LEVANTAMENTO DE INFORMAÇÕES EM DISSERTAÇÕES (2000-2006) 90
3.3 ETAPAS DA PESQUISA...92
3.4 ANÁLISE DE CONTEÚDO EM BARDIN (2016) E AS CATEGORIAS DE ANÁLISE 99

CAPÍTULO 4
DOS RESULTADOS À DISCUSSÃO: CIRCUITO PERVERSO: SOBREVIVÊNCIA, TRABALHO E ESTUDO 101

4.1. DA ANÁLISE DO PERFIL DOS PARTICIPANTES 104

4.2. DAS NARRATIVAS AUTOBIOGRÁFICAS: TRAJETÓRIAS DE VIDA EM RELAÇÃO AO ACESSO, OU NÃO, À ESCOLA 108

4.2.1. Sobre a narrativa autobiográfica de Domingos 114

4.2.2. Discussão e resultados: narrativas autobiográfica de Domingos 115

4.3. RODA DE DIÁLOGO: O JOGO DAS OBJETIVIDADES/ SUBJETIVIDADES................122

4.3.1. Do circuito perverso: sobrevivência, trabalho e estudo (1ª dimensão) 126

4.3.1.1. Os saberes cognitivos/afetivos/sociais/culturais (1ª unidade de sentido) 131

4.3.2. Da Identidade social e profissional (2ª dimensão) 134

4.3.2.1. Narrativas: experiências vividas em relação ao acesso à escola (2ª categoria de análise) 136

CONSIDERAÇÕES FINAIS 141
REFERÊNCIAS................ 153

INTRODUÇÃO

> *Nenhum direito de que resulta a desumanização das classes*
> *populares é moralmente direito. Pode até ser legal mas é*
> *uma ofensa ética (Freire, 2020, p. 125).*

Direito a ser garantido: alfabetização das classes populares, em condição de luta pela sobrevivência. Este livro apresenta um retrato histórico de moradores da Vila Areião, na cidade de Guarujá. Trata da condição de vida de migrantes nordestinos/as, adultos/as e não alfabetizados/as que sofrem obstáculos reais para acessar à educação escolar, em especial à apropriação da leitura e escrita.

Este estudo[2], elaborado junto a integrantes de classes populares, foi realizado no contexto do projeto de Formação do Professores e Universidades: políticas e práticas institucionais, em atendimento à proposta da Coordenação de Aperfeiçamento de Pessoas de Nível Superior (Capes), para a cooperação nacional entre Programas de Pós-Graduação. O Procad, Programa Nacional de Coopeação Acadêmica, reuniu os Programas de Pós-Graduação em Educação de duas universidades: a Universidade do Vale do Rio dos Sinos e a Universidade Católica de Santos. Atuamemente, o incentivo desta publicação, partiu da cordenadora do Grupo de Pesquisa "Instituições de Ensino: políticas e práticas pedagógicas" e no projeto maior de investigação "O Professor do Ensino Fundamental II: políticas, práticas e representações" (Abdalla, 2016) da Universidade Católica de Santos.

Os conceitos centrais desenvolvidos neste trabalho referem-se: a) à condição humana em Marx (1979) e Freire (1981); b) à educação formal e não formal em Gohn (2001); c) à construção identitária social e profissonal em Dubar (1997;2012); d) ao uso

---

[2] Há uma breve apresentação deste estudo no livro *Políticas Educacionais: elementos para uma reflexão*. MARTINS, Ângela Maria; WERLE, Flávio Obino (org.). Porto Alegre: Redes Editora, 2010.

da narrativas da pesquisa em educação em Bakhtin (1993; 1998; 2010), Bunner (1998), Walter Benjamin (1995), Jorge Larrosa (1995), Lima, Geraldi, Geraldi, (2015), entre outros.

O cenário desta pesquisa envolveu Programa de Restruturação Habitar Brasil (PRHB/BID) das Vilas Rã, Sossego e Areião na cidade de Guarujá-SP, que previa a mudança da malha urbana e o tipo de moradias subnormais. Tal programa incluía, entre outros projetos, a alfabetização de adultos. O palco da pesquisa, delineado nos parâmetros de uma experiência de alfabetização "não escolar"[3], realizada num canteiro de obras na Vila do Areião no período de 2002 a 2008 e por uma educadora do quadro de magistério público municipal da Secretaria de Educação de Guarujá. E a cena focalizada foi a condição de vida de adultos que frequentavam a alfabetização "não escolar". Esses atores são migrantes nordestinos/as e não alfabetizados/as, que não tiveram acesso à escola formal, tanto na infância quanto na vida adulta, e eram moradores da Vila Areião. Esses participantes, daqui em diante, serão denominados apenas pelo termo "migrantes" para facilitar a exposição linguística.

Em uma experiência de alfabetização "não escolar", levantou-se o pressuposto de unir a validade formal da escola quanto à competência técnica e à função social da educação pública e da educação popular, mas ligada ao compromisso político humanista freireano que não dicotomizou a prática educativa da política, ou seja, de uma educação que "jamais separa do ensino de conteúdos o desvelamento da realidade" (Freire, 2020, p. 118).

Concordamos com Snyders (1981, p. 85), que diz que "o nosso problema consiste em levar a escola a participar do combate que trava o proletariado, e nela participar com seus próprios meios".

---

[3] O termo "não escolar" não é uma negação da escola. "O recurso às aspas se dá para situá-la como experiência não convencionalmente escolar" A "experiência de alfabetização como "não-escolar" porque aconteceu fora do prédio institucionalizado como escolar e pode fazer os ajustes com as condições de vida dos migrantes. Não se trata, portanto, de uma visão espontaneísta do processo pedagógico, sem regularidades e sem acompanhamento, mas, sim, que são buscadas formas menos burocratizadas que as predominantes nas redes escolares, com suas grades e seus ritos" (Cacemiro, 2008, p. 13).

Não se trata, portanto, de uma forma de anular a escola, mas parte da compreensão da perspectiva dialética integradora da escola que ganha qualidade na medida em que se une com a proposta, aqui denominada por "não escolar" (Gadotti, 1992).

E para organizar este experimento, consideramos as reais condições de vida de migrantes em relação ao tempo, ao espaço comunitário e aos horários de trabalho dos migrantes domiciliados em moradias subnormais em condições de exclusão social, sobretudo miramos um saber mais crítico e menos ingênuo sobre a realidade concreta que os envolviam. Buscamos criar condições favoráveis à quebra da perversidade cíclica que marcavam suas vidas: a luta pela sobrevivência, o trabalho braçal e o desejo de aprender a ler e a escrever. Nesse sentido, a composição da experiência de alfabetização de adultos visou ser mais socialmente constituída e ligada aos tempos e espaços das condições de vida dos migrantes.

Os migrantes mostraram a importância de uma discussão sobre a Educação de Jovens e Adultos presa à temporalidade, ao espaço formal e à rigidez (estruturada, fechada e burocratizante) da organização escolar que não coadunam com a realidade do trabalho braçal do público investigado. Verificamos, assim, os fatores que impõem barreiras que inibem o acesso à escolaridade.

Além disso, verificamos que a condição de vida dos migrantes fica presa ao circuito perverso: sobreviver, trabalhar e estudar. Em decorrência disso, defendemos a ideia de que, como no experimento de alfabetização "não escolar", existe a possibilidade de constituir caminhos criativos e desburocratizantes para a criação e aplicação de políticas públicas, na união/dialeticidade entre a educação pública e educação popular, visando garantir o direito à alfabetização e à educação escolar do público pertencente às classes populares em condição de exclusão social e escolar.

O objeto deste estudo é a "condição de vida de migrantes, sob o enfoque do desejo de estudar e o modo de sobrevivência, que frequentaram uma experiência de alfabetização 'não escolar'" inserida na Vila de Areião do município de Guarujá-SP. A questão-

-problema trata dos obstáculos de inclusão social que sofrem os migrantes em relação ao acesso à educação escolar, em especial à apropriação da leitura e escrita.

Elegemos como objetivo geral: analisar a condição de vida de migrantes envolvidos na experiência de alfabetização de adultos "não escolar" sobre as vicissitudes do acesso, ou não, à escolarização pública e a visão desses sujeitos sobre o ingresso/permanência na escola para a aprendizagem da leitura e escrita. Daí desdobramos quais seriam os objetivos específicos:

- Compreeender a condição de vida de migrantes, sujeitos históricos-sociais, investigados nesta pesquisa, no âmbito dos estudos filosófico-antropológicos, pelo viés da triangulação entre conceitos teóricos marxista e freireano[4] e à questão identitária pela atividade de trabalho.

- Identificar e analisar os saberes cognitivos/afetivos, sociais e culturais e a visão de mundo dos migrantes sobre as vicissitudes do acesso e de não acesso à escolarização e de sua visão sobre as possibilidades de ingresso, ou não, da educação escola para a apropriação da leitura e da escrita.

- Refletir sobre uma investigação temática realizada em Rodas de Diálogo com os participantes desta pesquisa, na perspectiva da pesquisa de narrativas autobiográficas e da experiência do vivido que serviu tanto para a pesquisa acadêmica quanto para o desenvolvimento dos procedimentos didáticos no processo de alfabetização realizados na experiência "não escolar".

- Contribuir com a discussão sobre o direito à educação daqueles que não tiveram acesso à alfabetização escolar, portanto uma discussão sobre caminhos possíveis à inclusão social.

---

[4] Este estudo segue a grafia freireana e suas derivações, deliberadamente adotada pela Cátedra Paulo Freire da PUC/SP, da Universidade Federal de Pernambuco (UFPE) e da Cátedra Paulo Freire, da Unisantos, compreendendo "[...] que a manutenção da grafia integral do sobrenome do autor destaca com mais vigor a proveniência das produções: a matriz de pensamento de Paulo Freire" (Saul; Saul, 2017, p. 102 *apud* Cacemiro, 2022, p. 26).

Recorremos às metodologias: a) no âmbito da pesquisa-ação, apoiado em Thiollent (1986), Franco (2005), Abdalla (2005), Demo (2006) e Gil (2010); b) pesquisa em narrativas em educação, que permitiu explicitar "as subjetividades em jogo, pela construção polifônica dos personagens, por um bom enredo e um desfecho moral", que, *por sua* vez, depende de quem ouve (Beijamim, 1985; Larrosa, 2004). Como também a análise das narrativas de migrantes, focalizamos a "experiência do vivido" na alfabetização "não escolar" e, para isso, alinhou-se a Bakhtin (1993); c) a Análise de Conteúdo (AC) em Bardim (2016) para analisar as temáticas presentes nas narrativas dos migrantes e, assim, estabelecer as dimensões, categorias e unidades de sentido; d) por fim, a investigação temática freirena, unida às ideias basilares de um grupo focal em Gatti (2005), para constituir os procedimentos adotados na Roda de Diálogo (RD).

O percurso investigativo passou, em primeiro lugar, por uma revisão bibliográfica, seguido pela aplicação de questionários semiabertos e a produção de narrativas autobiográficas sobre suas histórias de vida em relação ao acesso, ou não, à alfabetização escolar, por fim, a realização das Rodas de Diálogos (RD) para a manifestação dos migrantes sobre a temática do estudo: circuito perverso: sobreviver, trabalhar e estudar.

O caminho expositivo deste estudo está organizado em quatro capítulos, mas que se entrecruzam e se complementam. O primeiro capítulo, intitulado "Da Contextualização sociopolítico da experiência de alfabetização 'não escolar'", trata do panorama em que insere a condição de vida de migrantes investigados, desfavorecidos da apropriação da leitura e escrita e do acesso à escola pública, domiciliados em moradias subnormais, cuja localidade estava sob égide do Programa de Restruturação Habitar Brasil (PRHB/BID).

O segundo capítulo, "Das reflexões teóricas: sujeito histórico-social", apresenta quais são os fios conceituais que permitiram tecer a triangulação e a construção das análises dos dados obtidos, visando, assim, compreender o objeto perquerido pela mediação entre os conceitos: a) a "condição de vida material e histórica" em

Marx (1979); b) vocação humana de *"ser mais"* (Freire, 1996b); c) a construção dinâmica identitária pela atividade de trabalho: *"para si"* e *"para outro"* em Dubar (1997; 2005; 2012).

O terceiro capítulo intitula-se "Dos caminhos metodológicos" e apresenta os procedimentos teóricos-metodológicos desenvolvidos para a produção, o tratamento e a interpretação dos dados obtidos nesta pesquisa.

O quarto capítulo, "Dos resultados à discussão: circuito perverso: sobrevivência, trabalho e estudo", apresenta a interpretação e as análises tecidas dos dados mediante a fundamentação teórica explicitada nos capítulos anteriores. Por fim, serão apresentados nas Considerações Finais a retomada da temática da pesquisa, traçamos as considerações a respeito dos objetivos perqueridos; em síntese, o desfecho dos resultados obtidos; a análise do pressuposto inicial e concluímos sinalizando possíveis frentes possíveis e necessàrias à continuidade desta pesquisa. Esperamos, assim, apresentar um estudo aprofundado a respeito da condição de vida de migrantes que frequentavam a alfabetização "não escolar" e não tiveram acesso à educação pública.

CAPÍTULO 1

DA CONTEXTUALIZAÇÃO SOCIOPOLÍTICA DA EXPERIÊNCIA DE ALFABETIZAÇÃO "NÃO ESCOLAR"

> *[...] os homens tomam suas posições também contraditórias, realizando tarefas em favor, uns da manutenção das estruturas, outros, da mudança (Freire, 2019a, p. 129).*

Este capítulo trata do panorama que insere a condição de vida de migrantes investigados, desfavorecidos da apropriação da leitura e escrita e do acesso à escola pública. Objetiva-se, assim, descrever e analisar o contexto sociopolítico do *lócus* da pesquisa. À vista disso, a epígrafe mostra a nossa intencionalidade em relação à tomada de posição nesse contexto. O que estamos dispostos a assumir? A favor da manutenção da estrutura opressores/oprimidos, na qual nem todos acessam a educação, ou, a favor da transformação que implica uma atitude crítica em relação *ao status quo?*

Já de pronto respondemos que temos um lado. Estamos comprometidos com a mudança visando a justiça social, na perspectiva humanista freeana, balizada pelo entendimento que a educação é um direito e que o conhecimento deve contribuir com a libertação de homens e mulheres, implicá-los na condição de humanização, do *"ser mais".*

Para expor o cenário desta pesquisa, este texto está subdividido em quatro momentos do contexto sociopolítico: 1.1. Guarujá-SP: contexto histórico e social; 1.2. Programa de Restruturação Habitar Brasil (PRHB/BID) nas Vilas Rã, Sossego e Areião; 1.3. Política Global: estrutura neoliberal ; e, por fim, 1.4., sobre a experiência de alfabetização "não escolar" como uma forma de resistência a espaços/tempos neoliberais. Esperamos, desse modo, que o leitor possa compreender o cenário desta pesquisa.

1.1 GUARUJÁ E O CONTEXTO HISTÓRICO E SOCIAL

A cidade, geograficamente, situa-se na Ilha de Santo Amaro e integra a Região Metropolitana da Baixada Santista (RMBS), composta por nove municípios: Bertioga, Cubatão, Guarujá, Itanhaém, Mongagua, Peruíbe, Praia Grande, Santos e São Vicente, do estado de São Paulo (Figura 1).

Figura 1 – Guarujá: integra a Região Metropolitana da Baixada Santista

Fonte: Wikipedia, 2021[5]

A cidade de Guarujá (Figura 1) passou por transformações sociais e econômicas e, nesse sentido, apoiamos nossas análises em Santos (2007), que explica que a base material das transformações mais recentes estão interligadas a dois ciclos principais: o da economia e das relações históricas em relação à conquista da territoriedade.

---

[5] Disponível em: https//pt.wilkpedia.org/Wiki/Ficheiro:Mapa-RMBS.svg. Acesso em: 25 set. 2024.

A história de cidade de Guarujá sobre o uso de espaços e exploração territorial não difere de outros lugares do Brasil. Em 1502, começou a ser explorada por portugueses e os povos originários, expulsos, migraram para regiões mais afastadas. Depois passou uns 300 anos "abandonada" porque os interesses econômicos da coroa portuguesa estavam voltados para os ciclos: do pau-brasil, do açúcar e o ciclo do ouro, portanto, a questão material, exposta por Santos (2007), justifica tal abandono.

Em 1892, em outro ciclo econômico, o estado de São Paulo passou a explorar o turismo na ilha de Santo Amaro que pertencia à política-administrativa do governo da cidade de Santos. Antônio Prado é considerado um dos fundadores do Guarujá. Ele foi o primeiro que recebeu o título prefeito do município de São Paulo de 1899 a 1911. Cafeicultor, banqueiro, empresário, advogado, jornalista, político, dono da "Companhia Prado Chaves, criou a Vila Balneária na praia de Pitangueiras-Guarujá e uma linha férrea (no tempo da Maria-Fumaça) que ligava a estação de Pitangueiras (praia da área central da cidade) à área continental da cidade de Santos, pela hidrovia do estuário do porto de Santos.

Guarujá ganha status que indica a posição ou situação social dos turistas que frequentavam suas praias. Era um balneário turístico para a elite da sociedade da época. Os turistas ficavam hospedados no hotel luxuoso, *"La Plage"*. Inclusive, nesse estabelecimento, em 23 de julho de 1932, Santos Dumont cometeu suicídio.

Em 30 de junho de 1934, o governador do estado de São Paulo, Armando Salles de Oliveira, decretou a emancipação política-administrativa e nomeou Cyro de Mello Pupo cono o primeiro prefeito.

Desde a construção da Vila Balneária, a construção do hotel e a ferrovia houve o recrutamento de trabalhadores de várias regiões brasileiras. Em contrapartida, houve um marco histórico e significativo que ampliou o fenômeno migratório de nordestinos. Foi a grande seca no sertão brasileiro em 1958, uma calamidade pública. Acrescido, ainda, nas décadas de 1960 a 1980 devido à explosão imobiliária na cidade com a construção de prédios com apartamentos de veraneio na cidade de Guarujá. As relações históricas do uso da territoriedade da cidade de Guarujá têm dois aspectos significativos: a) processo migratório e valorização fundária; b) oferta de empregos. Esses fenômenos estavam interligados ao cenario nacional.

No Brasil, as décadas de 1950 e 1960 foram marcadas pelo processo migratório de brasileiros nordestinos para as Regiões do Sudeste e Centro-oeste. Esse fenômeno, entre os fatores macroestruturais econômicos do sistema capitalista industrial, se deve: a) aos períodos de seca no Nordeste, aos avanços da industrialização na Região Sudeste; b) a oferta de emprego na construção cível em São Paulo; c) a ampliação de moradias nas cidades do Espírito Santo; c) a construção e inauguração de Brasília, a nova capital brasileira (inaugurada ainda incompleta em 21 de abril de 1960). O processo migratório ocorreu devido ao empobrecimento da população nordestina do Brasil; ao não acesso às condições de vida; ao elitismo no sentido amplo do sistema capitalista. Esses elementos estruturais favoreceram a crise econômica da década de 1960 e "estão na base da intervenção das cúpulas das Forças Armadas no processo político em 1964" (Codato, 2005, p. 87).

Viera (1982, p.33), no livro *Estado e Miséria Social no Brasil de Getúlio a Geisel*, aponta como era o cenário do crescimento econômico brasileiro dessa época. Destaca algumas instituições criadas pelos governos, ao longo dos anos de 1952, 1953 e 1954, sendo elas: Banco do Nordeste Brasileiro (BNB), Superintendência do Plano de Desenvolvimento da Amazônia (SPVEA), Banco Nacional do Desenvolvimento Econômico (BNDE), Petróleo Brasileiro (Petrobras), Plano Nacional de Eletrificação e Centrais Elétricas Brasileira S/A (Eletrobrás). Esses órgãos governamentais ligam, de certa forma, o Brasil à economia mundial.

Havia, portanto, um cenário desenvolvimentista, nacionalista e uma economia movida pelo capitalismo industrial com investimentos em instituições públicas e privadas. Nesse cenário, Guarujá ganhou notoriedade como balneário turístico e valorização fundiária – a elite passa a ocupar os territórios mais próximos da orla da praia. Consequentemente, desencadeia a migração de nordestinos devido à oferta de empregos na construção cível e de serviços gerais, como: empregada doméstica, ajudante em condomínios, entre outras prestações de serviço motivado pela crise da seca no Nordeste. Havia também a possibilidade de trabalho como ambulante nas praias. Esses fatores contribuiram à ocupação de áreas subnormais da malha urbana. Essas áreas são ocupadas por pessoas vindas de vários lugares, em especial do nordeste brasileiro.

Nos anos seguintes, o processo migratório é mantido, mesmo com o declínio de oferta de emprego na construção cível. Além disso, o valor do m² dos imóveis era elevado. Nesse cenário, a população de baixa renda vai se estabelecendo em áreas disponíveis, majoritariamente, na periferia da malha urbana, regiões insalubres (mangues) ou áreas de risco (morros), vivendo em condições precárias, em sub-habitações, sem a infraestrutura necessária e com o crescimento desordenado.

Atualmente, o município de Guarujá, em relação ao estado de São Paulo, ocupa o 18º lugar no *ranking* de "aglomerados subnormais"[6]. Tem 46 "favelas" e 95. 427 moradores. Como a população da cidade tem 287.634 pessoas (IBGE, 2022), podemos indicar que, praticamente, um terço da população reside em aglomerados subnormais.

1.2 PROGRAMA DE RESTRUTURAÇÃO HABITAR BRASIL (PRHB/BID) NAS VILAS RÃ, SOSSEGO E AREIÃO

Como descrito por Cacemiro (2008), a origem histórica da Vila do Areião relaciona-se ao surgimento do bairro da Vila Rã, na década de 1960 e da Vila Sossego. O nome da Vila Rã recebeu esse nome porque havia um grande número de espécies de rãs nesse local. Era uma área de mangue, onde existia um só barraco cujo

---

[6] Áreas periféricas, as favelas, são classificadas como "aglomerados subnormais" pelo IBGE.

acesso exigia que se andasse alguns metros em cima de troncos de árvores para atravessar o manguezal. Aos poucos, outras pessoas passavam a ocupar esse território.

Nesse território, havia mata com cerca de 80 metros de distância que separava a Vila Rã e Areião. A mata, aos poucos, foi desmatada pelos moradores e nesse local surgiu a Vila do Sossego. Esse nome foi dado porque os moradores sentiam-se mais mais tranquilos em relação a outras duas vilas, onde ocorriam brigas e homicídios com maior frequência.

A Vila do Areião, local da pesquisa, surgiu na década de 1970 devido à ocupação e à expansão da Vila Rã. Essas áreas perteciam a particulares. Essa expansão foi possível porque o dono abandonou o loteamento Parque Enseada. O tipo de ocupação do espaço da Vila Areião tinha as mesmas características da Vila Rã, embora de maneira mais dispersa.

Outro fator de crescimento do número de ocupantes na década de 1970 refere-se à construção da Rodovia Guarujá-Bertioga (SP-61), que corta o município até a hidrovia que conduz as pessoas até a cidade de Bertioga, como afirma Serrano (1997).

> O asfaltamento da estrada Guarujá/Bertioga, abriu a fronteira para aceleração das atividades da construção civil. A própria construção da estrada plantou a semente do primeiro núcleo de trabalhadores, o DER. Outros assentamentos surgiram nessa época e também ocuparam outras áreas públicas municipais de loteamento: Maré Mansa na Praia do Pernambuco, Vila Rã no Parque Enseada, Vila Sapo no Julião. (Serrano, 1997, p. 25).

Além disso, outros moradores procedentes do mesmo município, de áreas desapropriadas, ou remanejadas, como o caso do morro da Glória que, em 1966, teve uma ameaça de deslocamento de uma grande pedra e de deslizamentos. Alguns desses migrantes também passaram a ocupar o território das Vilas Rã/Sossego/Areião (Figura 2).

Figura 2 – Vista aérea das Vilas Areião, Rã e Sossego

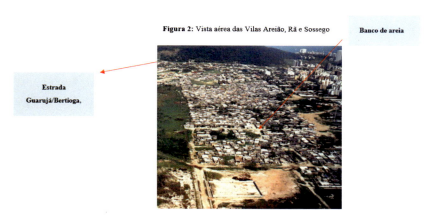

Fonte: autor desconhecido (1997)

Na Figura 2, pode-se verificar que, no ano de 1997, as Vilas Rã, Sossego e Areião eram um único aglomerado. Não havia loteamento e ruas, apenas vielas e barracos aglutinados. Entretanto, os moradores faziam questão de distinguir cada núcleo. Outro aspecto a ser observado no horizonte, em direção à costeira marítima, são os prédios. Entre eles, há alguns que têm garagens náuticas para abrigar seus iates. Essa foto ainda mostra quais são as faixas dos mais ricos e a dos pobres e, na parte superior, pode-se verificar o traçado da estrada Guarujá/Bertioga que liga a Praia das Tortugas ao caminho que leva até a travessia para Bertioga.

> No ano de 2000 foram iniciados o Projeto Integrado de Reurbanização da Vila Rã, o Projeto Sossego e o Projeto Areião, de acordo com as diretrizes do Programa Habitar Brasil, cujos recursos foram financiados pelo BID – Banco Interamericano de Desenvolvimento. Guarujá foi uma das trinta cidades escolhidas pela Secretaria Nacional de Habitação do Ministério das Cidades para a implantação desse Projeto. O Projeto Habitar Brasil, focado na

> reestruturação urbana, busca tirar pessoas de domicílios precários e que tenham uma renda de até três salários mínimos, para a concessão da posse, e, sem escritura oficial, é concedida uma moradia, levando assim à organização do bairro (Cacemiro, 2008, p. 14)

De acordo com os dados apresentados pelo Programa de Restruturação Habitar Brasil (PRHB/BID), 69,96% das famílias apresentavam renda familiar até três salários mínimos da época e 46, 49% não possuíam qualquer tipo de renda formal, com qualificação profissional incipiente. Esses fatores elevam a situação de vulnerabilidade dos moradores.

Em relação à urbanização a proposta era: organizar o sistema de abastecimento de água e de esgoto com a obra especial de estação elevatória de esgoto; organizar o sistema de drenagem pluvial; definir o sistema viário e a coleta de lixo; implantar a distribuição de energia elétrica; promover trabalhos com participação comunitária e ambiental e projetos de ação educativa. Atualmente, apesar da realização do PIHB/BID, as Vilas Rã, Sossego e Areião ainda têm problemas de abastecimento de água, entre outros problemas próprios dos aglomerados subnormais.

Para compreender o contexto do Programa de Restruturação Habitar Brasil (PRHB/BID), realizado na localidade da pesquisa, situaremos quais são os interesses e as implicações políticas ligadas à Política Global da novo capitalismo financista.

1.3 POLÍTICA GLOBAL: NEOLIBERALISMO E SUA ESTRUTURA

Há vários aspectos teóricos para abordar o significado do neoliberalismo. Aqui, basicamente, situamos como uma continuidade histórico-material do liberalismo do capitalismo. Sabe-se que o fundamento central do liberalismo é o princípio de liberdade do indivíduo, e este liga-se à ideia de propriedade privada.

Destacaremos aqui a ideia de liberdade da concepção ideológica do liberalismo. Nela, é dito que é "garantida" aos indivíduos os di̠reitos: "à integridade", "à expressão do pensamento"; "à associação" ; "à ação e busca de felicidade"; "à propriedade" (Chaves, 2007, p. 14-21). No campo da economia, essencialmente, trata das iniciativas livres de empresas, com isso, há uma defesa da ideia de que o "melhor Estado, assim, é o 'Estado Mínimo' que deixa aos indivíduos o máximo de liberdade compatível com as exigências da vida em sociedade" (Chaves, 2007, p. 9).

Nesse enquadramento, quem é contra as liberdades individuais? A priori, parece ser algo irrefutável. Contudo, essa liberdade parte das ideias ou do que acontece na realidade? Todos/as têm acesso aos mesmos direitos e têm as mesmas condições materiais? A sociedade tem progredido na humanização? Em que medida? Existe o respeito às liberdades individuais das minorias que, em termos de quantidade, somam e formam a maioria da sociedade?

Afora outros apontamentos possíveis, sabemos que o neoliberalismo, no quadro político, é "vinculado às experiências de governos neoconservadores", por exemplo, a de Margaret Thatcher na Inglaterra, e rediscute sobre "o mercado aberto e tratado de livre comércio, redução do setor público e diminuição do intervencionismo estatal da economia e na regulação do mercado" (Torres, 1995, p. 113-114). Esse ideário neoliberal remete ao contexto histórico da ordem mundial do Estado Global e sua estrutura neoliberalizante pós-guerra mundial de 1945.

Essa forma de investimento liga-se à ordem mundial do Estado Global voltada para os interesses do mercado financeiro, mantém o atual capitalismo. Além disso, de acordo com Giddens (1991), citado por Tedesco (2012, p. 23), esse atual capitalismo financista, neoliberal e globalizado

> [...] tem graus muito baixos de solidariedade orgâ-
> nica e requer dos cidadãos um comportamento
> baseado muito mais na informação e na adesão

voluntária do que aqueles requeridos no capitalismo industrial ou pelas sociedades tradicionais".

Esse Estado Global, iniciamente, era governado por sete países mais ricos – Estados Unidos, Canadá, Japão, Alemanha, Inglaterra, França, Itália, demoninado por G7. Posteriormente, houve o ingresso da Rússia e passou a ser denomida por G8. Esses países comandam a política global, que serve para atender os interesses do mercado financeiro, sendo executada nos âmbitos da econômica, política, social e militar e mantêm o poder globalizado. A seguir, veja o organograma que mostra a estrutura do Estado Global (Figura 3).

Figura 3 – Governo Global: estrutura neoliberal

O Estado Global
|
Governo global
|
Grupo G- 8
|
Estrutura Executiva
|

Econômico	Político	Social/Ideológico	Militar
BIRD	ONU	ONU	OTAN
FMI	Conselho de	Assembléia Geral	
OCDE	Segurança	Secretaria Geral	
OMC		Corte Internacional de Justiça	
GALT		UNESCO	
		OIT	
		OMS	

Fonte: baseado no esqueleto proposto por Steffan (1995, p. 518), citado por Libâneo, Oliveira e Toschi (2003, p. 83)

Essa estrutura global (Figura 3) tem vários objetivos, mas, em síntese, destacaremos a questão da diminuição do poder dos Estados-Nação do ponto de vista histórico, o avanço de "políticas neoliberais de mercado"; "o desmonte da ordem econômica constituída pelos Estados Nacionais"; e "a globalização do sistema de Mercado", como explicam Libâneo, Oliveira e Toschi (2003, p. 82).

A história do Estado Global teve um avanço significativo após a Segunda Guerra Mundial (1945), seguido por dois macro tempos históricos: a) do capitalismo, em que o Estado articula-se com os interesses do mercado financeiro; b) do capitalismo concorrencial global, iniciado na década de 1980 (Libaneo; Oliveira; Toschi, 2003).

Essa estutura executiva da Política Global tem três aspectos fundamentais: a econômica por intermédio de Banco Mundial; a política realizada por intermédio da ONU, e, por fim, a militar pela Otan. Esses mecanismos colocam em marcha a política neoliberal global, pois sem aporte financeiro, legislação e órgãos de controle não é possível desenvolver políticas públicas.

Esse capitalismo financista, neoliberal e globalizado está no centro do interesse da Política Global. Para isso, o Banco Internacional de Reconstrução e Desenvolvimento (Bird) e seu outro braço, o Banco Interamericano de Desenvolvimento (BID), desempenham um papel importante nessa governança global.

Essas instituições financeiras, criadas a partir do ano de 1959, têm suas sedes na cidade de Washington, Estados Unidos (EUA), também mantêm escritório permanente no Brasil. O objetivo é fornecer, a longo prazo (de 15 a 25 anos), empréstimos aos governos da América Latina e do Caribe e a empresas nacionais e exigem garantias oficiais. Sendo assim, não podemos compreendê-las com ingenuidade. Sabemos que seus interesses não referem-se à diminuição da desigualdade social dos países mais pobres. Antes, são negócios bancários que visam lucros e favorecem a concentração de riqueza dos mais ricos do mundo. Libâneo, Oliveira, Toschi (2003, p. 82) definem que elas

> [...] têm o papel ativo na criação e sustentação dessa política global. Além disso, este Estado Global influencia a cultura marcada pelo pensamento liberal e neoliberal e mantém o capitalista financista.

Nesse arcabouço, Torres (1995, p. 123-4) define o papel financista do Banco Mundial: a) é agência reguladora do capitalismo internacional; b) "não é uma agência que oferece doações"; c) no contexto do capitalismo internacional, é uma agência reguladora ; d) "seu negócio é emprestar capital e receber juros estabecidos pelo mercado financeiro"; e) tem diretrizes definidas no consenso de Washington, quais sejam: "privatização, a redução do gasto público e reformas que impulsionam os interesses lucrativos do mercado financeiro".

No caso deste estudo, o cenário da pesquisa parte de uma experiência de alfabetização realizada no contexto de uma reestruturação urbanística por intermédio Programa Habitar Brasil/BID, obra financiada pelo Banco Interamericano de Desenvolvimento (BID). Esse "investimento", com aparências de ajuda humanitária, na verdade, gera dívidas. Essa realidade acontece em vários países latinos americanos e caribenhos, sob os ditamos da Política Global. Portanto, não produzem mudanças significativas em relação às desigualdades sociais. Ao contrário, mantêm a governança global, executam a política globalizada, capitalista, financista e neoliberal.

Conforme Freire (1996b, p. 14), trata-se de "malvadez neoliberal, ao cinismo de sua ideologia fatalista e a sua recusa inflexível ao sonho e à utopia". Ainda, leva-nos à reflexão sobre a utopia de mundo e o homem do que poderiam ser e não em Marx (1979). A ideia de condição humana presa aos ideários do mundo das aparências, apresentado, respectivamente, por Marx (1979, p.

106) e Kosik (2002), contextos teóricos que serão apresentados no próximo capítulo.

Mormente, como desfecho da contextualização do objeto deste estudo, descreveremos, por fim, os aspectos contraditórios entre a proposta de alfabetização de adultos do Programa Habitar Brasil/BID e o que, de fato, foi realizado na experiência de alfabetização "não escolar".

1.4 EXPERIÊNCIA DE ALFABETIZAÇÃO "NÃO ESCOLAR": UMA FORMA DE RESISTÊNCIA

> A política precisa ser reconstruída e recriada em relação ao contexto. Ela também precisa ser traduzida do texto para a prática, de palavras no papel para ações em sala de aula, ou outros lugares.[...]. Algumas políticas fazem enormes demandas da criatividade dos professores, que precisam pegar palavras de textos e transformá-las em algo que seja viável dentro das complexidades do ambiente de sala de aula. [...]. Então o que eu estou tentando fazer através da ideia de atuação é pôr estas coisas em jogo: colocar o contexto em jogo, colocar a criatividade em jogo, e reconhecer os desafios envolvidos no processo deste movimento de texto para prática. Este é um tipo de trabalho da política (Ball, 2016, p. 7).

Em epígrafe, o autor afirma que a "política precisa ser reconstruída e recriada em relação ao contexto". Nesse sentido, formatamos a experiência de alfabetização "não escolar" de acordo com a condição de vida de migrantes que os impossibilitava de ingressar/permanecer na escola formal por vários motivos.

À priori, apresentamos ao leitor três considerações iniciais quanto à integração entre a educação pública e educação popular, ou seja, três definições fundamentais sobre: (1º) a prática educativa; (2º) educação popular; (3º) o direito à educação:

1.º. Não há prática educativa, [...] que escape a limites. Limites ideológicos, epistemológicos, políticos, econômicos, culturais (Freire, 2020, p. 113).

2.º. "Educação popular [...], substantivamente democrática, jamais separa do ensino dos conteúdos o desvelamento da realidade" (Freire, 2020, p. 118).

3.º. O direito à educação é um direito múltiplo, que inclui antes e depois do direito ao conhecimento, o direito ao reconhecimento da plena personalidade jurídica do educando e, consequentemente, de seu direito de ser tratado como sujeito de direito e não apenas como objeto da educação; o direito ao desenvolvimento da personalidade humana do educando; o direito à diferença, pessoal e cultural, na medida em que os seres humanos são diferentes em sua realidade e pela sua liberdade; e o direito a outros direitos do homem, como a democracia, a paz, a tolerância e o desenvolvimento econômico (Monteiro, 1998, p. 53-55 *apud* Silva Júnior, 2016, p. 19).

Assim, guardadas essas definições, pretendemos expor dois tópicos centrais: primeiro, a contradição entre os modelos de alfabetização do Programa de Restruturação Habitar Brasil (PRHB/BID) e o que foi realizado em uma experiência de alfabetização "não escolar". Tal experimento pautou-se, na dialeticidade, entre a educação pública e educação popular, ou seja, unir, validar e integrar dois polos para vislumbrar um caminho possível para desenvolver políticas públicas; segundo, o modo como foi realizado o experimento e compreendê-lo como uma forma de resistência às políticas neoliberais.

A proposta de alfabetização PRHB/BID estava inscrita no modelo de educação não formal. De acordo com Gonh (2001), ao longo das décadas, a ideia de educação "não formal" teve objetivos distintos: (a) nos anos 1960, havia uma menor importância e "era vista como uma extensão da educação formal. Desenvolvida em espaços exteriores às unidades escolares" (p. 90); (b) nos anos

MIGRANTES EM UMA EXPERIÊNCIA DE ALFABETIZAÇÃO "NÃO ESCOLAR":
UMA FORMA DE INCLUSÃO SOCIAL

1970, a autora (p. 92) apresenta a definição de Coombs e Ahmes (1975, p. 170), que dizem que se trata de

> [...] uma atividade educacional organizada e sistematizada [...] fora do marco de referência do sistema formal, visando propiciar tipos selecionados de aprendizagem a subgrupos particulares da população (p. 92)

(c) e "nos anos 90, em decorrência das mudanças na economia, na sociedade e no mundo do trabalho", [...] que, "em geral, exigia a aprendizagem de habilidades extra-escolares" (p. 92) ; d) por fim, destaca que passou a ser um novo campo, "configurado mediante as diretrizes das Agências e Organismos Internacionais, como a UNU e a UNESCO" (p. 92) e destaca que [...] "a conferência de 1990, realizada na Tailândia [...] Elaborou dois documentos: declaração mundial sobre a educação para todos" e "Plano de Ação para satisfazer as necessidades básicas da aprendizagem" (p. 92).

Logo, a proposta educativa do PRHB/BID apoiava-se na ideia de educação não formal, como exposto por Gonh (2001, p. 92) e, sobretudo, refere-se ao campo de educação que, após os anos 1990, visava às diretrizes estabelecidas da Declaração Mundial sobre a Educação para todos, aprovada na Conferência Mundial em Jomtien (1990) para consolidar as políticas educacionais da racionalidade. Além disso, como explica Freitas (2012, p. 388), está ligada às concepções neoliberais e neoprodutivista relacionadas à visão do mercado financeiro "[...] em torno a três grandes categorias: responsabilização, meritocracia e privatização".

Apoiandos em Torres (1995, p. 123–4) e Libâneo, Oliveira e Toschi (2003), comprendemos as bases que justificam a relação entre a proposta educativa "não escolar" do PRHB/BID e as concepções neoliberais:

a. ao realizar a restruturação da malha urbana da área subnormal, com empréstimo de instituições financeiras do Estado Global, revela que o foco não é a mudança das desigualdades sociais, mas aos interesses do capitalismo global por intermédio do Banco Interamericano de Desenvolvimento (BID), agência reguladora do neoliberalismo ligado à governança mundial.

b. ao assumir as responsabilidades do Estado-Nação com seus princípios e diretrizes, intervém nas políticas governamentais e ainda dá a aparência de que o problema foi resolvido. Mostra seus objetivos de "privatização, a redução do gasto público e reformas que impulsionam os interesses lucrativos do mercado financeiro" (p. 82).

c. ao estabelecer um prazo, favoreceu a ideia de terminalidade e de que não seria necessária ações contínuas de políticas públicas nacionais e locais, ou seja, "o desmonte da ordem econômica constituída pelos Estados Nacionais"; e "a globalização do sistema de Mercado", como explicam Libâneo, Oliveira e Toschi (2003, p. 82).

d. ao ofertar cursos e oficinas de pequena duração para a geração de mão de obra, mostra que sua preocupação é ligada ao mercado de trabalho e que não há a preocupação com a formação crítica e emancipatória dos sujeitos.

e. ao oferecer propostas de ações socioeducativas, no formato de oficinas para alfabetizar e com a atuação de voluntários, demonstram que a educação não é considerada como um direito. Também expressam a ideia de responsabilização dos indivíduos que, pelos seus próprios esforços, mesmo partindo de um grau elevado de desigualdade, receberiam a alavanca inicial para ingressar/permanecer na escola. Entretanto, esses indivíduos devem ter força de vontade para prosseguir os estudos, portanto não requer políticas públicas.

Nesse contexto, podemos verificar a ligação do projeto de educação pelo PRHB/BID à educação "não formal" e às ideias neoliberais. Outro indício está no rol dos objetivos das propostas socioeducativas, quais sejam: (a) desenvolver ações para a inserção dos moradores no mercado de trabalho; (b) capacitar para a geração de renda — a partir da educação sanitária, ambiental, saúde e cidadania — por intermédio de oferta de cursos e oficinas com breve duração e atuação de monitores voluntários; (c) identificar crianças e jovens que estavam fora da escola e encaminhar relatórios à Secretaria de Educação e ao Conselho Tutelar; c) e, sobretudo, terceirizar a ação docente substituindo por monitores voluntários ligados ao serviço privatizado, que, em certa medida, contradiz o previsto no Art. 205 da Constituição Federal sobre a educação como um dever do Estado.

Assim, os objetivos eram diminuir os gastos e suprir a ausência da ação estatal, ou seja, substituir as possíveis Políticas do Estado ou a ação da educação pública. No entanto, esse objetivo não foi atingido porque não havia monitores voluntários residentes nas vilas para desenvolver tal ação.

Para isso, buscou-se firmar convênio com a Universidade Católica de Santos para a realização do Programa de Alfabetização Solidária. Essa Instituição Comunitária de Educação Superior (Ices), que também é confessional, não é estatal. Os alunos pagam mensalidades para frequentar as graduações e pós-graduações.

A racionalidade financeira, em relação à Alfabetização Solidária, estava baseada nos incentivos e isenção de tributos que a instituição já recebia. Ou seja, era uma contrapartida que não exigiria aporte financeiro. Os professores universitários iriam treinar os monitores para atuar na alfabetização de adultos. Tais monitores deveriam residir nas Vilas Rã, Sossego e Areião. Isso dispensaria os custos de transportes e ação educativa, no formato de voluntariado, desobrigaria custos tanto para o PRHB/BID quanto para o poder público.

Essa proposta não foi realizada devido à ausência de monitores voluntários para atuar como na alfabetização de adultos, como previa a proposta do PRHB/BID. Em decorrência disso, a Secretaria de Ação Social do município de Guarujá acionou a Secretária de Educação para encaminhar projetos de professores/as para alfabetização de adultos. A educadora, aqui mencionada na terceira pessoa, foi selecionada em 2003, mediante um projeto didático baseado em Ferreiro e Teberosky (1987) e Freire (2019a), para atuar como docente.

O trabalho pedagógico desenvolvido assumiu a perspectiva freireana no que se refere ao compromisso de desvelar, na medida do possível, as formas de dominação e luta pela emancipação de sujeitos em direção da humanização e da autonomia, sem descuidar do processo de apropriação e construção da leitura e da escrita. A dinâmica realizada nos encontros-aulas visava aprofundar os diálogos à criticidade. Buscou-se, assim, realizar uma prática crítica e democrática em relação à condição de vida dos migrantes em uma experiência de alfabetização de adultos, cujos participantes eram migrantes (Cacemiro, 2008).

Em relação à formação e à motivação da docente, situaremos alguns aspectos fundamentais. Em 2006, essa educadora apresentou a experiência de alfabetização "não escolar", no formato de projeto de pesquisa como requisito necessário para o ingresso no Programa de Pós-graduação Stricto Sensu em Educação da Universidade Católica de Santos, no qual foi aprovada. Sendo que seu primeiro orientador foi o Prof. Dr. Jefferson Ildefonso e, com sua saída do Programa, a Prof.ª Dr.ª Nereide Saviani concluiu a orientação da pesquisa. O trabalho foi defendido em 2008.

Além disso, a educadora tinha ainda uma "motivação" ligada à sua própria história pessoal. Sendo filha de nordestinos que migraram para a cidade de Guarujá-SP em 1960, e seus pais nunca haviam frequentaram a escola formal. Essa "motivação", como dialogam Freire e Shor (2014b), não existe fora da prática e que não é um ato antidialético, ou seja, não separa o motivo da ação. Assim, o motivo e a ação, embricados pela prática, e compreendidos na dialeticidade.

Assim, desenvolveu um trabalho profissional como docente da educação pública. Podemos afirmar que a educadora tinha

> [...] qualificação de aspectos teórico-metodológicos indispensáveis à mediação no processo de apropriação da leitura e da escrita, especialmente, no que se refere ao atendimento do processo de ensino-aprendizagem (Cacemiro, 2008, p. 27)

portanto tinha a formação profissional que se diferenciava da ideia de voluntariado.

Em relação à experiência de alfabetização "não convencionalmente" escolar, realizada num barracão no canteiro de obras (Figura 4), foi elaborada a partir dos diálogos com os migrantes, sistematizada num formato mediante as condições de vida e de trabalho dos migrantes, buscou-se, em sua essência, a superação das posturas "ingênuas" ou "astutas" e a recusa de neutralidade, como nos diz Freire (2006b).

Figura 4 – Barracão no canteiro de obras: local da experiência de alfabetização "não escolar"

Fonte: Cacemiro, 12/11/2007

A Figura 4 mostra o local onde foram realizados os encontros-aula da alfabetização "não escolar". Embora o processo educativo "tenha ocorrido em ambiente não convencionalmente escolar, não assumiu os aspectos da educação alternativa que, na maioria das vezes, é proposto para os setores populares" (Cacemiro, 2008, p. 27).

Os sujeitos da pesquisa moravam em condições precárias — sub-habitações, havia a ausência de uma infraestrutura urbana e ações de políticas públicas do Estado. A localidade era marcada pelo crescimento desordenado na ocupação territorial. Além disso, havia problemas de violência e tráfico de drogas. Nessas condições reais desenvolveu-se uma ação educativa.

Assim, num primeiro momento, organizamos a ação educativa inserida na localidade de moradia dos sujeitos e sistematizada mediante suas condições de vida em relação ao tempo dedicado ao trabalho. Como também se distinguia das propostas e dos projetos concorrentemente desenvolvidos em classes do ensino regular ou de Educação de Jovens e Adultos (EJA), em escolas das redes públicas, porém descartamos a ideia de menor participação do Estado em relação ao aporte financiamento e ao direito à educação.

De modo geral, essa experiência de alfabetização mostrou, de um lado, que "os ritos burocráticos da escola formal não tem dado conta de superar a situação real de vida dos envolvidos, principalmente, em relação" às questões ligadas à frequência, ao tempo, aos ritos, à inflexibilidade de horários". Além disso, "espaços próximos às moradias dos investigados" também mostrou ser um fator de inclusão (Cacemiro, 2008, p. 14).

Por outro lado, as diretrizes previstas pelo PRHB/BID estavam baseadas na estrutura neoliberal e "na educação não formal proposta nas diretrizes das Agências e Organismos Internacionais, como a UNU e a UNESCO", como afirma Gohn (2001, p.92); de outro, o trabalho pedágógico (2003–2008) e pesquisa acadêmica (2006–2008), desenvolvidos por uma educadora do quadro oficial da educação pública, que versava uma posição crítica em relação à manutenção do *status quo* e a recusa de neutralidade, como diz Paulo Freire.

Nessa contradição entre o proposto e o realizado, a experiência de alfabetização "não escolar" configurou-se com uma forma de resistência a espaços/tempos da estrutura neoliberal (PRHB/BID), que está alinhado aos princípios de governança do Estado Global.

Como define Ball (2002, p. 7), a "[...] política precisa ser reconstruída e recriada em relação ao contexto. Precisa ser traduzida do texto para a prática, de palavras no papel para ações em sala de aula, ou outros lugares". Esse autor refuta a ideia de "implementação", porque os verdadeiros atores políticos são realizados por atores com cargos de autoridade como diretores, educadores e coordenadores. Daí decorre a importância do ator social na "implementação" de políticas públicas como uma forma de resistência.

Nesse sentido, a experiência de alfabetização "não escolar" buscou flexibilizar as questões ligadas ao tempo/espaço e aos critérios rígidos e estruturais da escola formal. Assim, implantada no bojo da execução política do PRHB/BID — que previa apenas ações educativas não formais — mostrou ser uma forma de resistência frente à perversidade do circuito: o desejo de estudar, sobreviver e trabalhar apresentada pelos migrantes investigados. Outra questão referia-se à divergência entre "a palavra de texto" de políticas "que desejava ser aplicada" e 'a ação real e criativa do ator social", como explica Baal (2002, p. 7).

Além disso, no âmbito de uma organização pedagógica não havia uma posição ingênua e linear. Freire (2019a, p. 35) nos diz que existe uma unidade dialética entre a objetividade e subjetividade. Dela "resulta um conhecer solidário com o atuar e este com aquele [...] que gera um atuar e pensar certo na e sobre a realidade para transformá-la". Gadotti (2000) também critica a posição superficial de que o analfabetismo seria uma doença a ser sanada. Afirma que é uma negação de um direito ao lado da negação de outros direitos.

Esse lugar de negação de direitos pode ser verificado pelas condições reais e concretas da vida dos migrantes, quais sejam: adversidade social, desemprego, baixos salários, falta de moradia, vicissitudes da luta pela sobrevivência, entre tantos outros elementos que dão sustentação à segregação social. Esses elementos fazem a manutenção do analfabetismo.

Apoiados nos autores supracitados, sabemos que na ação política/educativa da experiência da alfabetização "não escolar" houve a interpretação e materialização realizada tanto pela educadora quanto pela condição de vida dos migrantes envolvidos. Portanto, não foi uma mera implementação linear como acontece na escola formal ou aquela prevista no PRHB/BID pautada em diretrizes do ideário neoliberal (Cacemiro, 2018b).

Concluímos, assim, que a alfabetização "não escolar", inserida num espaço/tempo neoliberal (PRHB/BID), tornou-se uma forma de resistência à implementação de modelos de campanha de alfabetização desligada dos propósitos de emancipação de sujeitos. Dessa forma, verificou-se que é imperioso que existam políticas para atingir esse público; e tenham, como ponto de partida, a realidade local e a condição de vida do público envolvido.

No próximo capítulo, apresentaremos as reflexões teóricas que serviram de base para analisar e compreender o objeto deste estudo, ou seja, a condição de vida dos migrantes em uma experiência de alfabetização "não escolar".

CAPÍTULO 2

DAS REFLEXÕES TEÓRICAS: SUJEITO HISTÓRICO-SOCIAL

Até agora, os homens formaram sempre ideias falsas sobre si mesmos, sobre aquilo que são ou deveriam ser (Marx; Engels, 1998, p. 3).

Este estudo focaliza a condição de vida dos participantes. Nesse sentido, apresentamos, aqui, reflexões teóricas sobre os sujeitos históricos-sociais pautados em estudos filosófico-antropológicos e em relação à teoria de educação. O pressuposto que procuramos desenvolver consiste em sustentar de que a condição humana é uma construção coletiva e solidária em suas implicações materiais, históricas e culturais, como citado em epígrafe. As desigualdades socioeconômicas e socioculturais são elementos que favorecem o "ser menos" da condição humana, como explica Freire (1996b). Logo, a condição humana está encoberta do que deveria ser e não é.

Este Capítulo apresenta, para situar, breves ponderações iniciais sobre os marcos teóricos da metafísica, da científica, da dialética crítica e da "dita" como pós-modernidade. Na sequência, trata dos aspectos centrais da condição humana na visão filosófico-antropológico nas perspectivas marxista e freireana, e, por fim, a questão identitária pela atividade de trabalho em Dubar (1997; 2012). Sobretudo, destaca a posição freireana em relação à teoria de educação quanto à condição humana de inacabamento ou inconclusão em vista da vocação humana de *"ser mais"*.

Objetiva-se, assim, emoldurar a temática deste estudo, ou seja, trata da "condição material, social, histórica, cultural e econômica de migrantes nordestinos que, mediante vicissitudes sociais e econômicas, não tiveram acesso à escolarização e alfabetização e, ainda, compreender suas visões de mundo sobre as possibilidades de ingressar/permanecer, ou não, na escola". Focaliza o desejo de estudar, o trabalho e a luta pela sobrevivência de migrantes que frequentaram uma experiência de alfabetização "não escolar" na Vila de Areião do município de Guarujá-SP.

Fundamenta-se, principalmente, no âmbito dos estudos filosófico-antropológicos em Marx (1998;1983) e Freire (1996b; 2019a; 2019b) no que se refere ao significado de condição humana. Também buscamos apoio em Scaff (1967), Charlot (1979), Dubar (1997; 2005; 2012), Manacorda (2000), Kosik (2002), Severino (1994), Ghedin e Franco (2011), entre outros, para analisar o objeto perquerido.

Este Capítulo está dividido em três seções. A primeira seção trata da natureza humana e condição humana em relação à teoria de educação. Trata, de modo sucinto, dos seguintes conceitos: história, condição humana, realidade concreta e falsa compreensão de homens e mulheres têm "a respeito de si mesmos, daquilo que são ou deveriam ser" (Marx; Engels, 1998, p. 3). Ou seja, aborda o significado de condição humana material histórica e social passando pelos conceitos do materialismo histórico, e produção material da existência humana, assentado na categoria "trabalho", na perspectiva marxista.

A segunda seção trata, como eixo central das análises deste estudo, a teoria freireana no que refere à condição humana sob três perspectivas: humanização/liberdade, ato educativo/político e o diálogo/processo de reflexibilidade. Destarte, buscamos apresentar os significados do "ser no mundo", "estar no mundo" e a superação do "mundo dado e acabado", sobretudo, nesse alinhamento, realçar os conceitos de inacabamento e inconclusão na teoria freireana (Freire, 1996b; 1977; 2019a). Vislumbramos, como isso, atingir o ponto de chegada, ou seja, a vocação humana de "ser mais" ligada à prática educativa que almeja uma consciência mais crítica possível (Freire, 1996b).

Por fim, na terceira seção, apresentaremos o conceito de identidade social e profissional em Dubar (1997). Essa escolha visa, de maneira periférica, analisar o objeto desse estudo no âmbito da construção identitária "para si" e "para o outro" pela atividade de trabalho (Dubar, 2012).

Não temos a pretensão de esgotar os assuntos mencionados. Em decorrência disso, escolhemos três elos teóricos para triangular as análises, quais sejam: a) condição humana material histórica em Marx; b) a vocação humana de "*ser mais*" em Freire; e, por fim c) a construção identitária pela atividade de trabalho: "para si" e "para outro" em Dubar.

Esperamos, neste capítulo, descrever um caminho de diálogo, a partir desses elos teóricos, para analisar o objeto perquirido. Sabemos que a produção de conhecimento, de um determinado objeto, envolve diversas facetas, requer a união de estudos afins, contudo, neste trabalho, almejamos contribuir com a discussão sobre a realidade de sujeitos históricos e sociais excluídos da escola e da alfabetização e da busca, tão necessária, de formas mais des-burocratizantes e concordantes com a realidade dos excluídos da leitura e da escrita.

2.1 NATUREZA HUMANA E CONDIÇÃO HUMANA EM RELAÇÃO À TEORIA DE EDUCAÇÃO

> A pedagogia-ideológica, em última análise, repousa na ideia de natureza humana [...]. A concepção eter-nalista e universal do homem, mesmo que expresse em termos marxistas de alienação, reintroduzirá na pedagogia a noção de natureza humana [...]. Uma pedagogia não-ideológica deve, portanto, [...] com-preender o homem como um ser social. Mas isso não é suficiente. Deve igualmente compreender que sua **concepção de homem é, ela mesma, socialmente determinada** (Charlot, 1979, p. 265, grifo nosso).

> [...] inacabado, sei que sou um ser condicionado mas, consciente do meu inacabamento, sei que posso ir mais além dele. Esta é a diferença profunda

entre o ser condicionado e o ser determinado. A diferença entre o inacabado que não se sabe como tal e **o inacabado que a história e socialmente alcançou a possibilidade saber-se inacabado** (Freire, 1996b, p. 53, grifo nosso).

Nosso ponto de partida é sobre a concepção de "homem", por isso, nas epígrafes, salientamos os termos: a **"concepção de homem socialmente determinada"** e o **"inacabado que a história e socialmente alcançou a possibilidade saber-se inacabado"**. Esses conceitos dão o encaminhamento inicial desta seção. Defendemos o pressuposto dos autores sobre a condição humana que não é algo dado, pronto e acabado e, por isso, concordamos com os anúncios freireanos do "ser no mundo", "estar no mundo", num porvir humanizante.

O entendimento sobre a concepção de homem requer a distinção do significado de "natureza humana" e "condição humana". Assim, nesta seção, procuramos sustentar a hipótese de que o projeto humano não pode ser definido a partir da referências de uma natureza humana, estabelecida fora do fazer histórico desse mesmo projeto. Como também somos contrários a uma posição antagônica entre a natureza humana e a condição humana, pois essa polarização não resolve a questão do existir humano significativo.

Em relação à concepção de "ser humano", há uma densa e ampla discussão teórica sobre a relação entre a ideia desse ente e as teorias de educação, contudo, não pretendemos esgotar este assunto. Mas, ancorados nos marcos de referência sobre a ideia de ente humano, pretendemos desenvolver a ideia de sujeito histórico-social, desenvolvida na teoria marxista e, de certa medida, influenciou a teoria de educação freireina.

Assim sendo, as referências epistemológicas sobre a ideia de sujeito compõem os fundamentos que explicam a práxis de cada teoria de educação. Porém sabemos que o mundo humano, nascido historicamente, do agir dos homens, está carregado de valores, do conhecimento, das relações sociais e de todos os bens culturais. E é nesse mundo das ações que somente é possível analisar as teorias de educação.

Nesse limite, apresentamos um quadro da filosofia antropológica, focalizando quatro marcos de referência: 1) a metafísica (apriorista e essencialista); 2) científica (naturalista e da racionalidade); 3) dialética: crítico-emancipatória (nega, resgata, supera e rearticula a relação sujeito-objeto mediado pelo mundo), e por fim; 4) as ligadas à teoria (dita) pós-crítica (ideia de sujeito/objeto/linguagem, mas realça o conceito de linguagem). Esses marcos têm definições sobre o significado de sujeito, todavia, apresentaremos, apenas, seus pontos centrais conflitantes:

- **Da metafísica:** a natureza humana é compreendida pela "essência de cada ente contém e define as características específicas de cada um, que são universais e comuns a todos os indivíduos da mesma espécie". Nesta visão, "a perfeição de cada ente se avalia pela plenitude de realização destas potencialidades intrínsecas" (Severino, 1994, p. 35).

- **Da científica:** que nega a metafísica e coloca a supermacia do sujeito racional, compreende que "o homem se constituiu [..] como uma organismo vivo, regido pelas leis da natureza, leis que determinam sua maneira de ser e de se desenvolver, tanto no plano individual como no plano social" (Severino, 1994, p. 35).

- **Da dialética:** não se apoia exclusivamente na ideia de natureza humana, mas explica a condição humana pela perspectiva histórico-social. "O homem também é uma entidade natural histórica, determinado pelas condições objetivas de sua existência ao mesmo tempo que atua sobre elas por meio da práxis" (Severino, 1994, p. 35).

- **Da teoria pós-crítica da "(dita) pós-modernidade"**: nesta referência, a relação de sujeito objeto, sem demarcações definitivas, tem na linguagem o conceito central. Segundo Ghedin e Franco (2011, p. 23), reduz e "subtraiu do sujeito a possibilidade de emancipação pelo conhecimento" (Ghedin; Franco, 2011, p. 23).

Tais marcos de referência são densos e exigem um estudo aprofundado de cada uma deles para especificar o significado de "ente humano". Entretanto, sabemos que é a partir desses marcos de referência que assentam as teorias da educação. Como diz Freire (2014a, p. 33), "não é possível fazer uma reflexão sobre o que é a educação sem refletir sobre o próprio homem". Tendo isso como base, é possível compreender quais são suas correntes antropológicas, epistemológicas, gnosiológicas e, portanto, seus processos ideológicos.

Nesse sentido, encontramos em Charlot (1979) quais são os processos ideológicos presentes nas teorias da educação[7]. Entretanto, como já foi dito, focalizamos a sensível diferença entre a ideia de ser humano da natureza e da condição histórico-social para desenvolver a ideia de condição humana histórico-social.

Não condordamos com a ideia de negação ou exclusão, mas a de resgatar, superar e rearticular. Entretanto, apenas para fins expositivos, colocamos; de um lado, o conceito de **natureza humana** ligado à ideia de algo pronto, dado e acabado e, ainda, no campo ideológico, favorece o *status quo* da sociedade e, assim, concorre à manutenção das condições "ditas" como "acabadas"; de outro, o conceito de **condição humana**, entendido como histórico-social, ligado à ideia de inacabamento ou inconclusão e, no campo ideológico, sugere a vocação humana de *"ser mais"* (Freire, 1996b), portanto, concorre à transformação de sujeitos e da sociedade.

Na sequência, a próxima subseção, de maneira circunscrita, trata do significado de sujeito histórico-social, ligado ao marco teórico da dialética na perspectiva marxista.

2.2 CONDIÇÃO HUMANA NA PERSPECTIVA MARXISTA

Conforme a epígrafe que abre este Capítulo, "até agora, os homens formaram sempre ideias falsas sobre si mesmos, sobre aquilo que são ou deveriam ser" (Marx; Engels, 1998, p. 3). Esse

---

[7] O livro de Bernard Charlot *A mistificação Pedagógica: realidades sociais e processos ideológicos na teoria da educação* apresenta uma discussão aprofundada sobre os conceitos de natureza humana e condição humana. Ver: Charlot, 1979.

aspecto é fulcral na obra marxista em relação à condição humana, sob a qual iremos realçar o que diz sobre "aquilo que são ou deveriam ser" (Marx; Engels, 1998, p. 3), do marco teórico marxista dialético.

Karl Marx (1818-1883) desenvolveu a base da teoria crítica. Assumiu uma posição contrária à filosofia alemã cuja ideologia parte das ideias aéreas e fora da condição humana material histórica e social. Assim, criticou a ideologia alemã de Kant (1799-1804), fundador do idealismo alemão. Contestou a ideia de separar a teoria e a prática, bem como a história do materialismo. Nesse sentido é que surge o conceito de crítica. O marxismo abarca o conceito de emancipação do ente humano e do comportamento crítico em relação àquilo que é tido com realidade. Faz uma oposição concisa entre a concepção materialista idealista de Feuerbach (Marx; Engels, 1998).

Marx (1983) explica que a sociedade capitalista é formada pela infraestrutura (forças produtivas e suas relações) e a superestrutura (econômico, político e social). A primeira, base material da sociedade, marca o modo de produção da economia e suas relações de produção. A segunda, determinada pela anterior, em conformidade com as modificações históricas da economia (divisão social e relações econômicas), são instâncias de ordem políticas, jurídicas, cultural, educacional etc.

No prefácio do livro *O capital*, explica com detalhes os conceitos-base: trabalho, força produtiva, mercadoria, moeda e capital. Explica as relações de produções econômicas, a divisão de classes em luta e a condição humana como produto das relações histórico--social, e marcada pela produção da mercadoria que envolve a troca. A condição humana, portanto, aparece como produto das relações histórico-social (Marx, 1983).

Assim, Marx analisou o sistema capitalista e explicou que passou por várias fases desde sua origem. Entretanto, tais transformações não modificaram sua essência, baseada nos itens enumerados a seguir: a) No lucro, ou seja, aumentar o capital (dinheiro) investido na produção; b) Na produção de mercadorias e serviços destinados ao consumo; c) Na propriedade privada que é pessoal com o direito de ser transmitida aos descendentes do proprietário; d) O trabalho é assalariado, ou seja, um valor de uso. O capitalista fica com a diferença do valor de troca. O dinheiro não surge do nada, mas da apropriação indevida do trabalho do empregado. O trabalho não pago é chamado por Marx de mais-valia. Portanto o trabalho produz um duplo valor no sistema capitalista; e) O sistema capitalista se alimenta das diferenças socioeconômicas entre aqueles que detêm ou controlam a produção e a maioria da população que depende da sua capacidade de trabalho; f) As diferenças sociais são marcadas pela divisão de classes, característica fundamental que garante, ao mesmo tempo, o poder econômico e político de um grupo social (Lucci, 2003, p. 11).

Neste arcabouço teórico, produziu muitas obras clássicas que visavam à transformação radical e à luta crítica sobre a sociedade capitalista, abrangendo várias áreas do conhecimento, por exemplo, a Sociologia, Economia etc. Aqui, interessa-nos o campo da antropológica-filosófica para compreender sua concepção de ente humano. Em suas obras, expôs que o homem é um agente intencional, que transforma a natureza, e construtor de sua existência, por isso o fenômeno humano é entendido como uma construção histórica-social, marcada pela produção social material da vida.

Nesse intuito, a seguir, sintetizaremos alguns conceito--tópicos da concepção materialista histórico-social marxista, quais sejam: a) materialismo-histórico; b) condição humana; c) trabalho e a condição humana: produto das relações histórico--social; d) história como produção material da própria existência; e) concreto como síntese de múltiplas determinações que explica as formações ideológicas.

Como já foi dito, Marx e Engels (1998) teceram argumentos contrários ao materialismo de Feuerbach e sobre a condição histórica do ente humano. Eles argumentam que a história e materialismo não são coisas separadas. Compreendem que os domínios da prática e da teoria são indissociáveis. Nesse sentido, a existência humana[8] começa com a condição de manter-se vivo, portanto, o primeiro ato histórico do ente humano é a produção da própria existência.

> O primeiro ato histórico é, portanto, a produção dos meios que permitem a satisfação destas necessidades [comer, beber, ter habitação, vestir-se e algumas coisas mais], a produção da própria vida material, e de fato este é um ato histórico, uma condição fundamental de toda história, que ainda hoje, como há milhares de anos, deve ser cumprido todos os dias e todas as horas, simplesmente para manter os homens vivos (Marx; Engels, 1998, p. 21).

Marx e Engels (1998) compreendem que a condição humana é uma expressão dinâmica, histórica-social e o seu ponto central é produção material da vida. Logo, compreende que o "homem é um ser social e histórico, determinado por seus contextos, criador da realidade social e transformador de suas condições". E, ainda, "privilegia a historicidade dos fenômenos, a práxis, as contradições, as relações com a totalidade, a ação dos sujeitos sobre suas circunstâncias" (Ghedin; Franco, 2011, p. 118).

Marx e Engels (1979, p. 40), com a premissa de que "os homens, não são isolados nem fixos de uma qualquer forma imaginária, mas apreendidos no seu processo de desenvolvimento real em condições determinadas", mostram que a condição humana é histórica e material e produzem sua existência. Assim, ao firmarem que manter-se vivo é o primeiro ato histórico do ser humano, e que isso permanece na atualidade, indicam que "desde o início mostra-se, portanto, como conexão materialista dos homens entre si, [...] conexão esta que é tão antiga quanto os próprios homens" (p. 42). Desse modo, a história está ligada à materialidade, portanto

---

[8] "O termo existência, 'ek-sistência', isto é, arrancamento perpétuo de um mundo, de uma situação no mundo com a qual não pode confundir-se, pois é *'para-si'* e não *'em si'*. Assim, é a mesma coisa dizer que o homem existe e que ele existe como *consciencia ou * liberdade (Japiassu, 1996, p.c95, grifo nosso). E o existente "designa toda realidade concreta, as coisas, os outros homens"; "o *'ser-aí'* ou a realidade humana', enquanto existente, o homem é, ao mesmo tempo, *'o ser entre'* as coisas existentes e o *'ser com'* a realidade humana dos outros e *'o ser com relação a si mesmo'*. O existente é 'o ser-no-mundo' (Heidegger *apud* Japiassu, 1996, p. 95, grifo nosso).

não se refere às ideias, tomadas como autônomas ou existentes fora de indivíduos, nem sem a solidariedade humana ou alheia à produção material, por conseguinte, o histórico também se liga ao social, não como se fosse um atributo, mas elemento *sine qua non* da condição humana.

Eles explicam o existir humano pela base material histórica e social da produção da própria existência. Utilizam o termo "materialismo histórico" para designar a concepção materialista da história, conceito explicado por Japiassú & Marcondes (1996) nestes termos:

> [...] materialismo histórico: termo utilizado na filosofia marxista para designar a concepção materialista da história, segundo a qual os processos de transformação social se dão através do conflito entre os interesses das diferentes classes sociais. 'até o presente toda a história têm sido a história de luta entre classes, as classes sociais em luta, uma contra as outras são sempre o produto da relações de produção e troca, em uma palavra, das relações econômicas de sua época; e assim, a cada momento, a estrutura econômica da sociedade constituiu o fundamento real pelo qual devem-se explicar em última análise a superestrutura das instituições jurídicas e políticas bem como as concepções religiosa, filosóficas e outras de todo período histórico (Engels, Anti-Dühring)" (Japiassú; Marcondes, 1996, p. 177).

Há três aspectos fundantes no materialismo histórico: a) existe um determinado modo de cooperação de vários indivíduos; b) sempre envolveu a luta de classes; c) a base da estrutura da sociedade capitalista é a economia, constituída na historicidade material e social.

Nesse sentido, o fio condutor teórico da teoria marxista é a produção social da vida e suas relações e as forças produtivas. Essas relações de produções econômicas marcam a produção social da existência humana pela produção de mercadoria e pela força do trabalho. Desse modo, a história é constituida pela materialidade histórica-social de homens e mulheres. Compreendida, assim, afirma que "a libertação é um ato histórico e não um ato de pensamento, e é efetivada por condições históricas" (Marx, 1979, p. 65).

Por essas razões, a história não é constituída pelas ideias, tomadas como autônomas e existentes fora dos indivíduos, nem anda fora do homem, mas na sua práxis, pressuposto central e criador da condição humana. A história está implicada tanto pela objetivação do homem no domínio da natureza quanto pela busca da liberdade humana. Nesse sentido, o trabalho é uma categoria central marxista intimamente associada à condição humana e à produção material da própria existência, que revela, ao mesmo tempo, a especificidade humana e a sua alienação. (Kosik, 2002).

Na teoria marxista, a produção material da própria existência, promovida pelo trabalho, carrega em si o aspecto negativo (expropriação e alienação) e o aspecto positivo (manifestação de si mesmo). O trabalho não é entendido como um ato natural, mas histórico-social. O trabalho pode até libertar homem ou ser a causa de sua servidão. Nesse sentido, a condição humana é constituída pela produção material de sua própria existência e, portanto, relaciona-se às condições efetivas de trabalho.

Japiassú e Marcondes (1996, p. 143) explicam, ainda, que:

> [...] na produção social de sua existência, os homens entram em relações determinadas, necessárias, independentes de sua vontade, relações de produção que correspondem a um grau de desenvolvimento determinado de suas forças produtivas materiais.

Nessas relações determinadas, a condição humana, constituída/constituinte pela produção material histórico-social e pela solidariedade e coletividade humana, passa pelo devir/porvir (processo e mudanças pelas quais passam as coisas). Por isso, apesar de fazer parte da natureza, como *homo sapiens*, "se distingue na natureza, não apenas pelas suas propriedades biológicas, mas, também, e num certo sentido principalmente, por seus caracteres sociais e históricos" (Scaff, 1967, p. 79).

Assim, os caracteres sociais e históricos da condição humana não começam no vazio ou como um desfecho de algo que teve começo, meio e fim. A história não é um antes e um depois. Ela é produzida na dialeticidade do absoluto e universal, marcada pela produção material, como explica Kosik (2002):

> Para a dialética, o absoluto e o universal não existem nem anteriormente à história e independente dela, nem ao termo da história como desfecho absoluto, mas cria na história. O absoluto e o universal são algo que se realiza e cria a história justamente como unidade absoluta. [...]. A dialética considera a história como unidade de absoluto relativo e o relativo no absoluto, processo em que o humano universal e o absoluto se apresentam, seja sob os aspectos de um pressuposto geral, seja também sob o de um resultado histórico particular. (Kosik, 2002, p. 145)

Nessa direção, a existência humana, como produto das relações de produção material da vida e dos meios de existência, o histórico, social, político e cultural da ação/reflexão humana são indissociáveis. Assim, a teoria marxista define o ser humano como um "ser de práxis social e histórica" que se autoproduz pelo agir transformador e intencional e pela criação de suas condições de existência no mundo material e imaterial. Além disso, a condição humana insere-se na cadeia processual de uma geração que assume as conquistas das gerações anteriores. Essa solidariedade é uma expressão do existir social tanto pela participação quanto pela partilha (Marx, 1979).

Esse fenômeno humano também é entendido na dimensão política – que significa que é relativo à *pólis* (cidade). Assim, o significado "político" da condição humana, como aquele que "vive e produz sempre em comum com os outros homens" e, mais ainda, como "o produto da sociedade, ou seja, que ele é obra da sociedade".

Isso significa que ser social, histórico e político não são meros atributos, mas são elementos condicionantes e constitutivos da própria existência humana. Esses elementos são embricados pela concepção materialista da história. Logo, os caracteres histórico, social e político não são, apenas, "condicionantes" da construção dos homens, mas são elementos "constitutivos" e equivalem ao conjunto das "relações sociais" (Scaff, 1967, p. 79-81).

Nesse contexto, Marx e Engels (1979) assumem a base teórica de que "a produção material da vida imediata" permanece como "o fundamento de toda história", explicam que "o conjunto dos diversos produtos teóricos e formas de consciência-religião, filosofia, moral etc." (p. 55). Eles buscam compreender o mundo e o homem a partir do que poderia ser, e não são. Para isso, desenvolvem um método dialético para o desvelamento do real concreto, ou seja, "é aquilo que efetivamente real e em sua totalidade. Portanto, é o que constituiu a síntese da totalidade das determinações" (Japiassú; Marcondes, 1996, p. 49). Por isso, Marx (2011) explica que:

> O concreto é concreto porque é a síntese de múltiplas determinações, portanto, unidade da diversidade. Por essa razão, o concreto aparece no pensamento como processo da síntese, como resultado, não como ponto de partida, não obstante seja o ponto de partida efetivo e, em consequência, também o ponto de partida da intuição e da representação (Marx, 2011, p. 77-78).

Kosik (2002) também esclarece sobre a percepção da "realidade concreta" (totalidade concreta). Essa concretude não se revela por inteiro, mas em aparências de fatos isolados. Explica que não existe um todo por cima das partes, mas que é constituída pela interação das partes, e esclarece nestes termos: "os fatos isolados são abstrações, são momentos, artificialmente separados do todo, os quais só quando inseridos no todo correspondente adquirem verdade e concreticidade" (Kosik, 2002, p. 49).

Assim, para explicar a condição humana, sua presença no mundo e condições de existência requerem reconhecê-la, implicitamente, pela compreensão da "totalidade concreta" que a envolve (Kosik, 2002). Nela, exerce uma prática intencionalizada, objetivada, transformadora, na qual o próprio homem se autoproduz. Além disso, a constituição histórica da condição humana, sob o ângulo de um homem social, remete, imprescindivelmente, a um entendimento da coletividade humana como geradora de relações de partilhas, portanto um processo histórico e de relações dialéticas: o homem é um constructo social, arquiteto de sua identidade, transformador da realidade pela ação intencionalizada (Marx, 1979, p. 41-42).

Para o desvelamento da totalidade concreta, não basta tecer críticas em discursos políticos ou científicos, mas fundamentada na concepção materialista histórico-social, que parte do real concreto e que também explica as formações ideológicas. Desse modo, é possível compreender real concreto e interferir na evolução da história, a partir das relações reais. Por isso, que a mera crítica discursiva que não forma uma consciência ou um comportamento moral não fica fora da práxis, como explicam Marx e Engels (1979, p. 56-57). Eles definem que:

> Não é a consciência que determina a vida, mas a vida que determina a consciência. Portanto deixa de ser uma compreensão idealista e psicologista que parte da consciência, mas assume a que corresponde à vida real, partindo de indivíduos reais e vivos, e se considera a consciência unicamente como *sua* consciência (Marx, 1979, p. 39).

Essa concepção materialista histórico-social diz que a consciência, de imediato, como uma consciência da natureza, do meio sensível, da comunhão cósmica primitiva se faz consciência de pertença. Assim, desde o instante, a consciência está em condições de emancipar-se do mundo e entregar-se à criação da teoria, da Teologia, da Filosofia, da moral etc. (Marx, 1979, p. 45). Por isso, definem que, de uma lado, a constituição da consciência não dispensa a práxis (agir/pensar – ação/reflexão) e, de outro, requer transformá-la, é uma ação revolucionária que envolve produção material histórico-social e pela solidariedade e coletividade humana e, entre outras coisas, a criticidade[9] daquilo que não pode ser entendido pela suas aparências.

Com base na referência dialética marxista, concluímos algumas implicações teóricas sobre a "natureza humana" e a "condição humana", quais sejam:

- Os homens, como possuidores de uma natureza que sofre atuação do condicionamento externos, podem conduzir a dois problemas. O primeiro, ao ser natural, entendê-lo como não modificável; o segundo, as determinações externas seriam, apenas, algumas interferências fora do homem. Entretanto, ele é cultural e resultado de suas ações sobre o mundo (as determinações externas) sobre si. Por isso, ele construiu uma condição humana que difere de uma natureza humana como realidade natural dada.

- Não se pode considerar o ser humano como alguém que primeiro é um ente biológico e que depois constrói para si um mundo social e humano. Porque, desse modo, a questão cultural seria um adendo à natureza humana. Não há uma separação do biológico do social. Com base nessas considerações, quem constrói a condição humana são homens e mulheres, todos/as em relações de intervenção nas situações materiais e culturais. Não há uma somatória do ser biológico e histórico. Nem faz sentido tratar dessa distinção. A condição humana ultrapassa o biológico e histórico e a ideia de somatória, mas ela se faz nas relações materiais histórico-social.

- Na referência materialista da história não há uma concepção naturalista e apriorística para compreender a condição humana. O natural seria algo que pode ser vislumbrado, cuja condição é factível, e ainda estaria

---

[9] O sentido dado à criticidade aqui refere-se ao desvelamento da totalidade concreta em Kosik (2002, p. 44-50).

fora da história. Antes, é compreendida a partir da ação do sujeito humano.

- Na referência dialética marxista, a condição humana é marcada pelo materialismo histórico e conectada à partilha e à solidariedade. Nesse sentido, as construções de seres humanos ligam-se ao processo histórico e social, a uma autoprodução pelo agir transformador e intencional que cria e produz as condições de existência.

Por fim, Marx e Engels (1979;1998) explicam o fenômeno humano como uma expressão dinâmica e social, marcada pela historicidade, materialidade da produção social da vida e ao modo como são produzidos esses meios de existência. Compreendem que a base da sociedade é a produção material e social, sendo que uma é marcada pela outra. Portanto, a condição humana, constituída nessa dinamicidade, diverge da ideia de uma natureza humana dada e acabada de caráter abstrato e apriorístico.

Na próxima subseção, para tratar sobre a condição humana na perspectiva freireana, focalizaremos a denúncia da ideia de ente humano dado, pronto e acabado e do anúncio do "ser no mundo", "estar no mundo", pontos basilares em sua teoria de educação.

2.3 CONDIÇÃO HUMANA NA PERSPECTIVA DA TEORIA DE EDUCAÇÃO FREIREANA

> [...] me aproximo de novo da questão da inconclusão do ser humano, de sua inserção num permanente movimento de procura, que rediscuto a curiosidade ingênua e a crítica, virando epistemológica. É nesse sentido que reinsisto em que formar é muito mais do puramente *treinar* o educando no desempenho de destrezas [...] **falo do meu interesse por tudo que diz respeito aos homens e mulheres, assunto que saio e a que volto com gosto** [...] Daí a crítica permanente presente em mim à malvadez neoliberal, ao

> cinismo de sua ideologia fatalista e a sua recusa inflexível ao sonho e à utopia (Freire, 1996b, p. 14, grifo nosso).

> Não é possível fazer uma reflexão sobre o que é educação sem refletir sobre o próprio homem (Freire, 2014a, p. 33)

Essencialmente, a obra freireana trata da superação da condição humana opressora/oprimida. Reivindica uma importante luta, na qual assume uma posição em relação à ideia do ente humano amarrado às condições materiais e "socialmente determinado", e propõe uma teoria da educação à criticidade. Nesse intuito, apresentaremos os fundamentos filosófico-antropológicos freireanos em relação aos "seres inacabados"; "mundo dado e acabado", "ser e estar no mundo".

Ao analisar a obra freireana, Andreola (2008, p. 184) define o enquadramento teórico, nesses termos:

> [...] não pode ser reduzida nem a dialética de Hegel, nem o materialismo de Marx, embora com fortes influências de ambos, também a perspectiva existência de Freire não pode ser reduzida a nenhuma das influências

da

> [...] fenomenologia existência ou existencialismo fenomenológico de Sartre, Jaspers, Merleau-Ponty, Marcel, Heidegger e Berdiaeff, como também do personalismo, ou existencialismo personalista de Mounier.

Por fim, o autor define que

> [...] só pode ser entendida e interpretada a partir da dramaticidade de sua existência pessoal, de sua experiência concreta da pobreza, e da fome, e de sua comunhão histórica com os pobres, os famintos, os esfarrapados do mundo, os oprimidos do Brasil, da América Latina e do Mundo (p. 184).

Em decorrência de sua experiência existencial e concreta da pobreza, tem como a preocupação central descortinar a seguinte questão: "assim como opressor, para oprimir, precisa de uma teoria da ação opressora, os oprimidos para se libertarem, igualmente necessitam de uma teoria de sua ação" (Freire, 2019a, p. 252). Nesse sentido, Manacorda (2000, p. 20-97) também destaca o papel da educação como àquela que pode ser entendida como um elemento importante na luta pela apropriação da liberdade humana.

Nesse sentido, Freire (2019a, p. 103, grifo do autor) explica que o *ser no mundo* "não existe sem o mundo, sem realidade, o movimento parte das relações *homens-mundo*". E, ainda, o ponto de partida desse movimento está nos homens mesmos. Mas esse *ser no mundo* implica o "seu *aqui* e no seu *agora* que constituem a situação em que se encontram ora imersos, ora emersos, ora insertados".

Nessa esteira, Freire (2019a) trata da condição humana como uma vocação de "ser mais". Compreende a esperança ligada a essa vocação humana. Esclarece a relação introjetada de opressores/ oprimidos e os impedimentos concretos, históricos e sociais do processo de humanização. Esses obstáculos condicionam homens e mulheres a "ser menos" (Freire, 1996b). Nesse sentido, essa vocação permanece escondida e distorcida. Além disso, Freire (2014a) nega toda forma de fatalismo e falso moralismo que aprisionam a condição de sujeitos históricos e sociais à consciência ingênua e não crítica.

O autor destaca, entre outros aspectos, a diferença entre o inacabado que não se sabe como tal e àquele que reconhece seu inacabamento, por isso, diz que, ao saber-se de sua inconclusão, o ser humano pode ir além e "ser mais". Logo, neste aspecto, assemelha-se a posição marxista, já dita aqui, que "até agora, os homens formaram sempre ideias falsas sobre si mesmos, sobre aquilo que são ou deveriam ser (Marx; Engels, 1998, p. 3) e, nesse sentido, percebemos a influência marxista no pensamento freireano em relação à emancipação de sujeitos históricos, sociais e concretos na direção do *"ser mais"* (Freire, 1996b).

A utopia freireana inscreve-se, portanto, na condição de algo possível de ser realizado. Numa ação educativa da práxis transformadora. Para isso, Freire (2014a) distingue as principais características para classificar a consciência ingênua e a crítica que pode ser encontrada no livro *Educação e Mudança*.

Logo, o ponto fulcral da teoria freireana é a "questão da inconclusão do ser humano, de sua inserção num permanente movimento de procura" (Freire, 1996b, p. 14). Essa ação é uma busca permanente, sincronizada com o verbo "esperançar", ligado à práxis, e ao termo "boniteza". Tais expressões imprimem a certeza incondicional de Freire sobre a vocação de humanizar-se.

Assim sendo, a teoria de educação freireana implica desvelamento da condição humana em relação à situação de opressores/oprimidos. Para isso, exige uma prática educativa crítica que, por intermédio do processo de reflexibilidade/diálogo e ligada a uma metodologia rigorosa nos âmbitos ontológicos, epistemológicos, antropológicos e gnosiológicos, possa promover a "autonomia do ser educando" (Freire, 1996b, p. 13). Esses âmbitos são expostos por Freire (1977), com muita clareza, no livro *Extensão e Comunicação?*, e, ainda, quanto à epistemologia freireana, Franco (2017, p. 152) esclarece que "não dissocia a racionalidade pedagógica crítica dos processos de reflexibilidade, dialogicidade e politicidade".

Logo, Freire (2020) compreende que o ato educativo é indissociável do ato político, ou seja, requer "a clareza em torno de a favor de quem e do quê, portanto, contra quem e contra o quê, fazemos educação e de a favor de quem e do quê" (Freire, 2006b, p. 23). Defende uma metodologia rigorosa na estética e na ética (Freire, 1996b), pautada pelo diálogo e a reflexibilidade e, por isso, assume uma posição contrária à educação bancária (Freire, 2019a).

Assim, no livro *Pedagogia do Oprimido*, o autor distingue a concepção da educação bancária, que desumaniza e é instrumento de opressão, da problematizadora e libertadora, que humaniza e é instrumento contrário à opressão. Compreender essa diferença como ponto fulcral de sua teoria. Trata da ação educativa dentro do que denominou como "ética universal do ser humano" (Freire, 1996b, p. 15), ou seja, a favor da dignidade humana independente do credo, raça e, de quaisquer diferenças sociais, étnicas e culturais, mas, sobretudo, a favor dos oprimidos, excluídos e da justiça social.

Portanto, ao assumir uma posição contrária à educação bancária, não participa da ideia do ser humano formado de dentro para fora, da visão apriorística, ou, ainda, da formação de fora para dentro, da visão behaviorista, portanto estes não pertencem ao marco teórico da dialética. Isso porque os pressupostos aprioristicos e behavioristas não partem da condição humana como sendo material histórica e social, como vimos em Marx e Engels (1979; 1998). Na obra freireana, "os seres humanos que estão sendo, como seres inacabados, inconclusos em e com um realidade de que, sendo histórica também, é igualmente inacabada" (Freire, 2019a, p. 101-2).

Em decorrência disso, Freire (2014a) afirma que "não é possível fazer uma reflexão sobre o que é educação sem refletir sobre o próprio homem". Com isso, explica que o ser humano "constituiu o núcleo fundamental no qual se sustenta o processo de educação [...]". "Este núcleo seria o inacabamento ou a inconclusão" do ente humano" (Freire, 2014a, p. 33). Apresenta a "humanização e desumanização, dentro da história, num contexto real, concreto, objetivo, são possibilidades dos homens como seres inconclusos e conscientes de sua inconclusão" (Freire, 2019a, p. 40).

Nessa direção, Freire (1977) diz que o ente humano não é abstrato, mas concreto, por isso afirma que "o homem, como um ser histórico, inserido num permanente movimento de procura, faz e refaz constantemente o seu saber" (Freire, 1977, p. 47).

Daí decorre o importante estudo que desenvolve pautado na filosofia-antropológica e seus eixos gnosiológico, axiológicos e epistemológicos freireanos. Tal estudo ajuda a entender: a) Quem é o ente humano?; b) Qual é a natureza dos valores e os juízos de valor e como eles surgem na sociedade?; c) Como o conhecimento é adquirido e para quê serve? É uma ampla discussão, a qual não temos a pretenção de desenvolvê-la aqui, no entanto, trata-se das diretrizes basilares que sustentam a teoria de educação para a liberdade em Paulo Freire.

Com base nessas considerações, concluímos esta reflexão sobre a concepção antropológica freireana, destacando quatro apectos: a) a "ideia de que o ser humano é um ser inacabado"; b) de que a realidade não é pronta, estática, fechada; c) ser no mundo: "somos um ser no mundo e com outros envolvidos num processo contínuo de desenvolvimento intelectual, moral, afetivo" [...]; d) por fim, "não somos ainda tudo que poderíamos ser e o que ainda poderemos vir a ser" (Trombetta; Trombetta, 2008, p. 228).

Freire (1996b; 2019a) sempre esteve preocupado com a condição de vida de homens e mulheres e não os tratava preso às ideias aéreas, mas os tratava a partir do real concreto a ser desvelado. Em relação ao real concreto, Kosik (2002), como já apresentamos, explica que ela se manifesta em partes e esconde a totalidade concreta, a qual requer desvelamento. E a situação do ser no mundo, como alerta Freire (2019a, p. 103), precisa ser compreendida fora do "fatalismo ou do instransponível". Antes, trata-se de uma "uma situação desafiadora, que apenas o limita".

Como já discutimos: a) a condição humana entendida como um constructo social, portanto, produto histórico, mas que é possível, pela capacidade humana, transformar a realidade; b) essa realidade, envolve desvelar a "totalidade concreta" (Kosik, 2002), nela há um movimento permanente e inter-relacionado com a produção da própria existência; c) que a produção da própria existência – entendida como trabalho – pode ajudar na expropriação e alienação ou na manifestação de si mesmo; d) que a identidade, compreendida a partir de uma condição humana, do homem social que pode assumir um projeto político de sociedade pela libertação do homem que define sua existência no mundo social e natural pela sua atuação na sociedade; e) que existe uma possibilidade real de um caminho de liberdade e a coexistência da diversidade humana, capaz de promover a própria a condição humana (Buzzi, 2002), ou seja, condição humana e do mundo com algo de melhor que poderia ser e ainda não é, neste arcabouço teórico, inspira-se a teoria de educação freireana no que se refere a uma educação para a liberdade.

Logo, a teoria de educação freireana trata da condição humana que requer o desvelamento da totalidade concreta (Kosik, 2002) que impõem as condições do ser no mundo e produz todas as formas de desumanização. Nelas, é implícito o ideário neoliberal que é marcado pelo princípio da individualidade. Tal modelo sugere, ainda, a existência das liberdades individuais, mas, na verdade, camufla o mundo e a condição humana daquilo que de melhor poderia ser e ainda não é.

Na próxima seção, apresentaremos o conceito de identidade profissional e social em Dubar (1997).

2.4 IDENTIDADE SOCIAL E PROFISSIONAL EM DUBAR

> A identidade não é mais do que o resultado simultaneamente estável e provisório, individual e colectivo, subjetivo e objetivo, biográfico e estrutural, dos diversos processos de socialização que, em conjunto, constroem os indivíduos e definem as instituições (Dubar, 1997, p. 105).

Dubar (1997; 2005) explica as dinâmicas e as articulações da construção das identidades social e profissional. Aqui não iremos esgotar este assunto. Tampouco aprofundar sua teoria da socialização, no entanto situaremos alguns elementos.

O primeiro aspecto é o marco teórico. O autor afirma que os "processos de socialização produzem identidades de atores que não se reduzem nem a habitus de classe nem a esquemas culturais" (Dubar, 2005 p. XVIII). Essa ideia de "não redução" da construção social das identidades sociais expõe, em certa medida, que pretendeu ultrapassar as implicações tanto em Karl Marx sobre as condições materiais, históricas e culturais quanto em Pierre Bourdieu sobre a questão das posições e hierarquias ligadas aos capitais econômico, cultural, social e simbólico. Trata-se de uma abordagem sociológica interacionista, sob um viés do construtivismo.

Segundo, pretendemos pontuar uma aproximação possível entre Paulo Freire e Claude Dubar, em dois aspectos: a) as condições humanas do "incabamento" e do "ser mais" em Freire (2019a); b) o significado de "retorno do ator" em Dubar (2005). Eles afirmam que:

> Na verdade, diferentemente dos outros animais, que são apenas inacabados, mas não são históricos, os homens se sabem inacabados. Têm a consciência de sua inconclusão. Aí se encontram as raízes da educação mesma, como manifestação exclusivamente humana. Isto é, na inconclução dos homens e na consciência que dela têm. Daí que seja educação um quefazer permanente. Permanentemente, na razão da inconclusão dos homens e do devenir da realidade (Freire, 2019a, p. 102)

> É ao estudar ações coletivas (ou organizadas) como elaborações sociais e ao reconstituir os "mundos" dos atores (simultaneamente suas visões do mundo e suas categorizações da ação) que se tem mais chance de reconstituir e compreender os processos de socialização que permitem a coordenação das ações e a negociação dos "mundos" que sempre são mistos de interesses e de valores. (Dubar, 2005, p. XVIII).

Freire (2019a) apresenta o inacabamento como a razão da ação educativa visando às mudanças na condição humana e na sociedade. Dubar (2005) define que a

> [...] socialização se toma um processo de construção, desconstrução e reconstrução de identidades ligadas às diversas esferas de atividade (principalmente profissional) que cada um encontra durante

sua vida e das quais deve aprender a tornar-se **ator**"(Dubar, 2005, p. XVII, grifo do autor).

Logo, ambos tratam de reconstituição de atores, não assujeitados às condições dadas e trata da visões de mundo que "são mistos de interesses e de valores". Além disso, Em Dubar (1997), focalizaremos a questão identitária do ponto de vista dos migrantes quanto à identificação/diferenciação e das atribuições e pertenças.

Daqui adiante, mediante tais delimitações e de maneira sucinta, apresentaremos a teoria de identidade social e profissional em Dubar (1997) de acordo com as dualidades, citadas em epígrafe. Elas são interpretadas pelas interações que, "em conjunto, constroem os indivíduos e definem as instituições" (Dubar, 1997, p. 105). O autor defende a tese de que:

> As identidades sociais e profissionais típicas não são expressões psicológicas de personalidade individuais nem produto de estruturas económicas que se impõem a partir de cima, *elas são construções sociais que implicam a interacção entre as trajetórias individuais e sistema de emprego, sistema de trabalho e sistema de formação* [..] estas identidades constituem formas sociais de construção das individualidades, em cada geração, em cada sociedade (Dubar, 1997, p. 239, grifo nosso)

A autor apresenta uma densa pesquisa empírica realizada na Franca, no fim dos anos 1980. Trata das dinâmicas ligadas aos movimentos de restruturação/reestruturação e a construção das identidades sociais e profissionais, e diz "que ultrapassa a esfera do trabalho e engloba a do fora do trabalho" (Dubar, 2005, p. 326). Analisa um inventário por categorias duais e articuladas entre si: a) processo: relacional/biográfico; b) identidade "para si" e para outro"; c) ato de atribuição e de pertencimento; d) identidade atribuída e predicativa para si; e) transação objetiva e subjetiva; f) alternância entre cooperação/conflito e continuidade/ruptura; g) identificação com instituições e com categorias profissionais (Dubar, 2005, p. 142).

Explica, ainda, que nelas estão presentes as transações objetivas e subjetivas e são constituídas e articuladas em um sistema de ação. Requerendo, ainda, a questão de ser "herdadas, aceitas ou recusadas" e "que depende, de fato, das relações para com o outro" e, ainda, que "depende dos modos de reconhecimento pelas instituições legítimas e por seus agentes que estão em relação direta com os sujeitos envolvidos" (Dubar, 2005, p. 141). Assim, conclui que:

> A construção das identidades se realiza, pois, na articulação entre os sistemas de ação, que propõem identidades virtuais, e as/'trajetórias vividas", no interior das quais se forjam as identidades "reais" às quais os indivíduos aderem. Ela pode ser analisada em termos tanto de continuidade entre identidade herdada e identidade visada como de ruptura implicando conversões subjetivas (Dubar, 2005, p. 141).

O centro da sua teoria refere-se à articulação de dois processos identitários heterogêneos: "para si" e "para o outro" (Dubar, 1997, p. 106). Subdividindo-os em dois eixos, nomeado por biográfico e relacional (p. 108). Placco e Souza (2012), a partir da análise das contribuições de Dubar (1997), explicam:

> a. Os eixos biográfico e relacional: a) "biográfica para outro" – "pertence a um grupo ou cultura" e "biográfica para si" – "atribuiu a si mesmo em relação ao outro"; b) "relacional para o outro" - "como é identificado mediante a função que executa no grupo social" – e "relacional para si" – "processos reflexivos conscientes dos sujeitos quanto aos seus projetos para si mesmo, a partir da associação a outros que também partilham dos mesmos projetos". Portanto, a constituição identitária está relacionada ao tripé: eu-outro e o mundo, na situação de ação (Placco; Souza, 2012, p. 21).

> b. "[...] os posicionamentos pessoais, portanto, trarão consigo as marcas identitárias de seu grupo profissional, garantindo o vínculo grupal e possibilitando a adesão e a pertença a ele". Logo, a cons-

tituição identitária são movimentos que permitem a formação identitária e pelo processo dinâmico e relacional que permite que os indivíduos, na dinâmica de identificação e diferenciação, semelhanças e diferenças, eu-outro-grupo), constituir sua identidade profissional e social Placco e Souza (2012, p. 27).

Nesta abordagem sociológica interacionista, os processos de construção identitária têm por base a questão da ação profissional e suas marcas sociais e culturais presentes na sociedade. Trata-se de movimentos relacionais, dinâmicos e articulados. Em síntese, o autor diz que tais processos são constituídos e revelados a partir da relação dialética entre o "ato de atribuição" – seu papel no grupo – e de "ato de pertença" –, seu pertencimento (Dubar, 1997).

Assim, escolhemos, à guisa de analisar o objeto deste estudo, pinçar os conceitos de identidade e "ato de atribuição" – seu papel no grupo – e de "ato de pertença" – seu pertencimento, identificação/diferenciação (Dubar, 1997; 2005; 2012) –, nas atividades relacionadas ao trabalho para analisar a vida dos migrantes investigados.

Por fim, como desfecho deste capítulo teórico, relembramos o leitor de que a amostra desta pesquisa será analisada pela triangulação entre os elos: a "condição de vida material e histórica" em Marx (1979); vocação humana de ser mais (Freire, 1996b); e "a construção identitária pela atividade de trabalho: *para si* e *para outro*' em Dubar (1997).

Esperamos que estes elos teóricos possam constituir uma lente de análise e contribuir com as discussões de estudos afins.

CAPÍTULO 3

DOS CAMINHOS METODOLÓGICOS

*Não se pode realizar prática criativa sem retorno constante
à teoria, bem como não se pode fecundar a teoria sem
confronto com a prática (Demo, 2006, p. 27).*

No presente capítulo, abordaremos os caminhos metodológicos desenvolvidos para a produção, o tratamento e a interpretação dos dados obtidos nesta pesquisa. Buscamos um caminho investigativo criativo, como citado em epígrafe.

Este estudo é de natureza qualititiva, por isso concordamos com Minayo (2006, p. 23) que diz que esse tipo de pesquisa "[...] visa compreender a lógica interna de um grupo, instituições e atores". Ela define, ainda, três elementos fundamentais: a) apreender, do grupo selecionado, quais são os "valores culturais e representações sobre a hsitória e temas específicos"; b) "as relações entre os indivíduos, instituições e movimentos sociais"; c) processos históricos, sociais e implementação de políticas" (p. 24).

Em relação a esses três elementos, destacamos que este estudo delimita-se a uma experiência de alfabetização "não escolar" que teve a participação de migrantes domiciliados em moradias subnormais da Vila do Areião na cidade de Guarujá-SP. A pesquisa foi realizada no período de 2002 a 2008.

Sabemos que toda pesquisa passa por um caminho metodológico. Flick (2009) explica que esse percurso investigativo deve ser guiado pelo tema e objeto de pesquisa. Neste estudo, o tema refere-se à **"condição material, social, histórica, cultural e econômica de migrantes nordestinos que, mediante vicissitudes sociais e econômicas, não tiveram acesso à escolarização para** a apropriação da leitura e escrita e, ainda, sobre suas visões de mundo sobre as possibilidades de ingressar/pemanecer, ou não, na escola".

Entretanto, vale destacar que o objeto desta pesquisa não é o perfil do migrante, tampouco a experiência de alfabetização "não escolar", mas **"a condição de vida de migrantes nordestinos, sob o enfoque do desejo de estudar e o modo de sobrevivência, que frequentaram a alfabetização "não-escolar" na Vila de Areião do município de Guarujá-SP"**. Focalizamos, assim, a condição (situação real de vida e de trabalho) de migrantes e suas imbricações em relação ao acesso à apropriação da leitura e da escrita.

Para analisar este objeto de estudo, houve a produção de dados a partir das narrativas autobiográficas (Bolívar, 2002) produzidas em Roda de Diálogo entre migrantes em situação de uma experiência de alfabetização "não escolar".

A partir das narrativas, conforme Bauer e Aarts (2002, p. 39), houve a construção do *corpus* de uma investigação que é uma "escolha sistemática e racional de algum racional possível". Nesse sentido, escolhemos instrumentos de pesquisa pertimentes à pesquisa-ação, ao problema de pesquisa e ao quadro teórico escolhido. Assim, escolhemos:

1. Abordagem metodolológica: no âmbito da pesquisa-ação, apoiado em Thiollent (1986), Franco, (2005), Abdalla (2005), Demo (2006) e Gil (2010).

2. O referencial teórico escolhido teve um ponto de partida e de chegada. Primeiro, em Marx (1998) buscamos delinear um quadro conceitual sobre o significado de condição humana, histórico-material, partindo de uma realidade concreta (Kosik, 2002), e considerando que homens e mulheres têm uma falsa compreensão "a respeito de si mesmos, daquilo que são ou deveriam ser" (Kosik, 1998, p. 3). Pautados nesses conceitos, direcionamos nossas análises para um ponto de chegada, ou seja, a teoria freireana no que se refere à vocação humana de "ser mais" e à críticidade, interligando-os à prática educativa progressista.

3. Intrumentos de pesquisa: a) questionários semidiretivos com perguntas fechadas e padronizadas e outras abertas em Manzini (1990; 2003); b) roteiro para a produção de relatos sobre as trajetórias de vida apoiado em Alberti (2004), no âmbito da história oral. Em relação ao conceito de narrativas, buscamos apoio em Bolívar (2002) sobre narrativas autobiográficas, Larrosa (2002) sobre as experiências e o saber de experiência e em Lima, Geraldi e Geraldi (2015) sobre a produção de narrativa auto(bio-gráfica) a a partir da reconstituição da história de uma pessoa narrada por si mesmo sobre a experiência do vivido.

4. Buscamos apoio nas diretrizes tanto da investigação temática em Freire (2019a) quanto na proposta de grupo focal em Gatti (2005), objetivando, assim, sistematizar a organização e os procedimentos adotados nas Rodas de Diálogo (RD). Trata-se de uma aproximação metodológica do círculo de cultura em Freire (2019a).

Daqui em diante, para explicitar melhor este caminho metodológico, este capítulo se estrutura da seguinte forma: **1º)** Desenho do caminho metodológico em Flick (2009, p. 116-147) e o referencial teórico; a) Abordagem metodológica: pesquisa-ação; b) Pesquisa Exploratória: levantamento bibliográfico; c) Etapas da pesquisa: questionários semidiretivos com perguntas fechadas e padronizadas e outras abertas, em Manzini (1990; 2003); produção de narrativas sobre as trajetórias de vida ligadas ao acesso à escolarização; Roda de Diálogo: "circuito perverso": sobrevivência-trabalho-estudar-sobrevivência; **2º)** Análise de Conteúdo em Bardin (2016) e as categorias de análise.

3.1 DESENHO DO CAMINHO METODOLÓGICO EM FLICK (2009) E O REFERENCIAL TEÓRICO

Objetiva-se, aqui, apresentar os detalhes do caminho metodológico e os procedimentos adotados. Para explicitá-los, segue o fluxograma (Figura 1) que mostra o percurso constituído a partir do tema e do problema da pesquisa, como propõe Fick (2009).

Figura 1 – Fluxograma: desenho da pesquisa

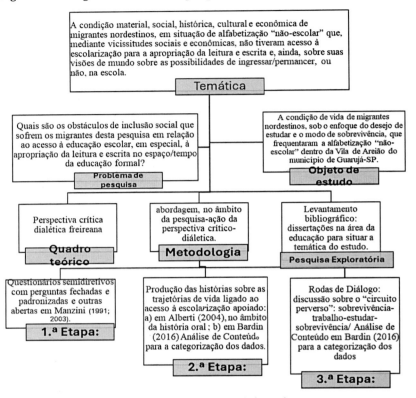

Fonte: elaborado pela autora com base em Fick (2009)

Conforme indicado pelo fluxograma (Figura 1), o tema é, imediatamente, associado e desdobrado do problema e objeto de pesquisa. Estavámos interessados em saber, do ponto de vista do próprio sujeito, como criar caminhos mais inclusivos e de acesso à alfabetização. Para resolver o problema, adotamos um recorte teórico no campo da educação, mais especificamente nas disciplinas de Filosofia Antropológica e a Pedagogia Freireana. Tal escolha está atrelada ao problema de pesquisa sobre a condição de vida dos migrantes e, partindo dessa escolha, tecer suas relações com a produção material da vida e o direito à educação.

Severino (2002) alerta que a construção do conhecimento precisa e deve estar associada à formação científica, à perspicácia e à competência teórica que conduzem a uma articulação entre diversas perspectivas: conhecimento epistemológico, metodologias, articulação com o real, autonomia, liberdade de criação e criticidade são fatores que transcendem uma visão simplista sobre o objeto e o sujeito da pesquisa.

Além disso, destaca três dimensões da pesquisa científica. Numa ponta, a primeira dimensão é o processo epistêmico, o de conhecer algo. Na outra ponta, a terceira dimensão, o conjunto de procedimentos, denominado como metodologia, para o estudo de determinado objeto e, por fim, a segunda dimensão é o campo real. Por isso, conclui que a pesquisa cientítica é realizada

> [...] pela articulação entre os elementos propriamente epistêmicos e os elementos técnicos e pela aplicação eficaz de todos eles na produção de conhecimento dentro de um determinado campo do real (Severino, 2001, p. 13).

Nesses parâmetros, situamos que a opção epistemológica dialética foi adotada nesta pesquisa. Compreendemos, que ela define claramente o sujeito como um ser real e sua existência é compreendida no processo material, histórico, social e cultural, atrelada às condições histórico-sociais. O autor diz que:

> A perspectiva dialética revela-se um caminho mais fecundo para responder aos desafios que possam dar conta da praxidade do objeto da educação, visto que essa prática se caracteriza pelo desdobramento de um tempo e de um espaço social. [...] nega, recupera e transcende as perspectivas positivistas. Isso quer dizer que a educação pressupõe os sujeitos humanos como entidades concretas, que existem historicamente na dimensão social, mas conduzem sua existência pela mediação da sua prática que se inten-

cionaliza e se transforma em práxis. (Severino, 2001, p. 17-18).

Nesse sentido, apoiamo-nos também no princípio episte-mológico da práxis em Freire (2019a; 1996b), em que não há pre-valências entre o sujeito e o objeto, mas numa relação dialética na constituição das práxis "com e no mundo" (Freire, 1977). Nesses direcionamentos, a segunda dimensão é o campo do real da pesquisa. Ou seja, a condição de vida de um público de migrantes investigados sobre a não permanência tanto na escola formal quanto na experiência de alfabetização "não escolar". Esses participantes viviam num bairro onde havia escola pública que oferecia a Educação de Jovens e Adultos, mas uns nunca havia frequentado e outros haviam desistido. Esse abandono acontecia também na experiência de alfabetização. Entratanto, já alertamos que tal desistência não será tratada como acontece na pespectiva de políticas liberais que abarca as concepções de "meritocracia e a da responsabilização dos indivíduos"[10], ou seja, que atribui ao indivíduo a responsabilização sobre o fracasso e o abandono escolar.

Por fim, a terceira dimensão refere-se ao conjunto de pro-cedimentos escolhidos adotados. Assim, para expor esse percurso metodológico, já apresentado na Figura 1, descreveremos a seguir os seguintes tópicos: a) abordagem metodológica da pesquisa-ação e suas etapas; b) pesquisa exploratória: levantamento de infor-mações em dissertações (2000- 2006); c) as etapas da pesquisa de campo: questionários, produção das história de vida sobre o acesso ou não à escola e à Roda de Diálogo para analisar o circuito perverso: sobreviver-estudar-trabalhar; d) Análise de Conteúdo em Bardin (2016) e as categorias de análise.

a. **Abordagem metodológica: no âmbito da pesquisa-ação**

---

[10] Ver FREITAS, L. C. Os reformadores empresariais da educação: da desmoralização do magistério à destruição do sistema público de educação. **Educação & Sociedade**, Campinas, v. 33, n. 119, p. 379-404, abr./jun., 2012.

Nesta abordagem metolológica, buscamos apoio em Thiollent (1986), Abdalla (2005), Franco (2005), Demo (2006) e Gil (2010). O estudo foi realizado no âmbito da pesquisa-ação sob o enfoque de uma possível mudança social.

Conforme Thiollent (1997, p. 36), a pesquisa-ação exige que "os problemas colocados são inicialmente de ordem prática. Trata-se de procurar soluções para se chegar a alcançar um objetivo ou realizar uma possível transformação dentro da situação observada". Assim, enumera as seguintes etapas desta metodologia:

> a) análise e delimitação da situação inicial; b) delineamento da situação final, em função de critérios de desejabilidade e de factibilidade;c) identificação de todos os problemas a serem resolvidos para permitir a passagem de (a) a (b); d) planejamento das ·ações correspondentes; e) execução e avaliação das ações (Thiollent, 1997, p. 53-4).

Concordamos com Abdalla (2005, p. 386) que apresenta a pesquisa-ação como "um instrumento para compreender a prática, avaliá-la e questioná-la, exigindo, assim, formas de ação e tomada consciente de decisões". Nesse sentido, utilizamos essa metodologia como instrumento tanto para organizar a experiência de alfabetização "não escolar" quanto para a produção dos dados da linguagem em situação na experiência aqui apresentada. Outro aspecto prepoderante referia-se à escuta e ação, no sentido freireano, sob o enfoque da mudança e da criticidade possível.

Além disso, Franco (2005) apresenta o caráter formativo e crítico da pesquisa-ação. Pontua quais são os princípios fundantes dessa metodologia na pesperctiva crítico-emancipatória, quais sejam:

> • a ação conjunta entre pesquisador e pesquisados; • a realização da pesquisa em ambientes onde acontecem as próprias práticas; • a organização de condições de autoformação e emancipação aos sujeitos da ação; • a criação de compromissos com a formação e o desenvolvimento de procedimentos

crítico-reflexivos sobre a realidade; • o desenvolvimento de uma dinâmica coletiva que permita o
estabelecimento de referências contínuas e evo-
lutivas com o coletivo, no sentido de apreensão
dos significados cons-truídos e em construção; •
reflexões que atuem na perspectiva de superação
das condições de opressão, alienação e de massacre
da rotina; • ressignificações coletivas das compreensões do grupo, articuladas com as condições
sociohistóricas; • o desenvolvimento cultural dos
sujeitos da ação (Franco, 2005, p. 486)

Nesse sentido, compreendemos que este estudo está no âmbito
da pesquisa-ação porque ocorreu na prática de uma experiência de
alfabetização "não escolar" e teve uma duração de seis anos (2003 a
2008), portanto não foi algo aligeirado. Houve a interação entre pes-
quisador (educador) e participantes na composição da experiência,
passando por diversos ajustes visando encontrar "soluções para se
chegar a alcançar um objetivo ou realizar uma possível transformação
dentro da situação observada" (Thiollent, 1997, p. 36).

Para desenvolvê-la, a priori, partimos da existência de um
problema social a ser resolvido no contexto da experiência de alfabetização "não escolar", qual seja: a permanência de migrantes investigados que, por motivo dos horários de trabalho, estavam impedidos
de frequentar os encontros-aulas a experiência de alfabetização, bem
como as dificuldades de frequentar o modelo da educação formal, ou
seja, o proposto na modalidade de Educação de Jovens e Adultos (EJA).

Assim, desde o começo, houve a escuta da fala dos migrantes
sobre os problemas de permanência de acesso à escola. Mediante
tais obstáculos, realizamos vários "ajustes burocráticos"[11], mas,
sobretudo, houve o desenvolvimento da prática educativa apoiada
em Freire (2019a, p. 115) no que refere-se aos princípios de uma
"investigação temática" e dos diálogos (ação-reflexão). Permi-
tindo, assim, a composição do "conteúdo programático", tratado
na experiência de alfabetização "não escolar".

---

[11] Os ajustes burocráticos já foram explicitados no 1º) Capítulo "Contexto Sociopolítico".

Franco (2005) realça ainda que a pesquisa-ação, na pespectiva crítica, "não pretende apenas compreender ou descrever o mundo da prática, mas transformá-lo". Trata da integração entre a prática pedagógica e a pesquisa-ação e defende que seja "uma pesquisa eminentemente pedagógica" (Franco, 2005, p. 483).

Também Abdalla (2005, p. 386), ao tratar da "formação profissional e a "construção real do aprendizado", apresenta a possibilidade da pesquisa-ação como "um instrumento para compreender a prática, avaliá-la e questioná-la, exigindo, assim, formas de ação e tomada consciente de decisões." (p. 386)

Além disso, o aperfeiçoamento desta pesquisa foi realizado durante a formação de mestrado da educadora. Isso porque a pesquisa-ação pode ser pensada e elaborada junto com o grupo de pesquisa do programa de pós-graduação de Educação. Nessa fase, foram definidas as seguintes formulações: o problema de pesquisa, a construção dos pressupostos, a organização da metodologia para a produção de dados e, por fim, a análise e interpretação dos dados, como propõe Gil (2010, p. 151).

Outro aspecto importante é que a educadora teve autonomia para desenvolver a ação docente e buscou aprofundar seus conhecimentos por intermédio da formação de nível de *lato sensu,* no mestrado de 2006 a 2008. Esse processo de formação contribuiu para a apropriação de ferramentas teóricas e o "mergulho na práxis do grupo social em estudo", como explica Franco (2005, p. 486). Assim, a ação docente e a pesquisa acadêmica se retroalimentaram e, nesse sentido, mostrou ser um caminho de valorização teórica e prática, constituindo um todo unido.

Assumimos, assim, que a pesquisa como um processo social, neste caso, foi, ao mesmo tempo, uma experiência educativa e uma pesquisa acadêmica. Assim, não se limitou a uma simples descrição da situação. Buscou-se compreender e analisar o problema perquerido e as de soluções possíveis e foi importante para aperfeiçoar uma prática educativa.

Pelos motivos expostos, compreendemos que esta pesquisa está no âmbito da pesquisa-ação e tratou de um problema de ordem prática visando "uma possível transformação dentro da situação observada", como nos diz Thiollent (1997).

Na fase exploratória, como explica Gil (2010), utilizamos os seguintes intrumentos de pesquisa: a) um questionários semiaberto, ano ato da matrícula; b) o levantamento das trajetórias de vida dos migrantes sobre o acesso à escola, gravadas em áudio. Assim, houve a produção de narrativas autobiográficas sobre as trajetórias de vida em relação ao acessso à escola em Rodas de Diálogo. Esse último material serviu de base para o estudo da investigação temática e contribuiu para a organização das categorias de análise: "circuito perverso": sobrevivência-trabalho-estudar--sobrevivência; c) no desfecho da pesquisa, houve a produção de narrativas em Rodas de Diálogo.

Ademais, o material empírico inicial (questionário e trajetórias de vida) serviu para a organização dos grupos-alvo, de acordo com as faixas etárias e os horários de trabalho dos migrantes, na estruturação da experiência de alfabetização.

Por fim, destamos, ainda, que este trabalho significou uma transformação da prática educadora que, até aquela data, só tinha experiência profissional na educação formal da escola e com alunos que, de certo modo, tinham melhores condições de permanecer na instituição. A estruturação de tempo/espaço da experiência educativa, inserida no local de moradia de migrantes, em condição de exclusão social, realizado por uma educadora do quadro do serviço público, mostra um aspecto possível do movimento entre os conceitos de Educação de Adultos e Educação Popular, como diz Freire (2020, p. 33-35)

3.2 PESQUISA EXPLORATÓRIA: LEVANTAMENTO DE INFORMAÇÕES EM DISSERTAÇÕES (2000-2006)

Houve o levantamento de informações Biblioteca Digital Brasileira de Teses e Dissertações (BDTD) para verificar e situar o objeto desta pesquisa nas produções acadêmica do tipo de dissertação de Programas de Pesquisa na área da Educação e no periodo de 2000 a 2006.

Objetivou-se verificar quais seriam os últimos trabalhos, neste tipo de produção, que tematizava a educação "não escolar" e que, de alguma forma, mantinha certa aproximação com o objeto deste estudo.

A constituição deste *corpus* visou dar continuidade à produção de conhecimento. A seleção dos trabalhos foi feita com base nos seguintes critérios para a delimitação do estudo, a saber: a) Tipo: Dissertação (874); b) Ano: 2000 a 2006; c) Nome do Programa: Educação – Instituição (62); d) Grande Área de Conhecimento: Ciências Sociais e Humanas; e) Área de Conhecimento: Educação; f) Área de avaliação: Educação; g) Nome do Programa: Educação; h) Área de Concentração: Educação "não escolar" e Educação Escolar.

Esses filtros permitiram a seleção de 34 dissertações. Na sequência, realizamos a leitura dos títulos e resumos para as delimitações de âmbitos teóricos e critérios conceituais. Esse estudo contribuiu para a escolha do caminho investigativo desta pesquisa. Eles tinham certa aproximação com o objeto perquirido. No entanto, elegemos, em especial, um trabalho visando à continuidade da discussão e da produção de conhecimento.

Desse modo, escolhemos a dissertação de mestrado sobre a "Inclusão Social e Arte na Educação não formal: experiência do instituto Arte no Dique" (Toledo, 2007). A autora considera que a educação não formal é capaz de contribuir para as comunicação cultural. Para ela, a não escola seria a criação de novas estruturas, de outro tipo, redes de comunicação cultural feitas para operarem sem a escola. Espontâneas, sem a presença do professor. Caberia ao participante, e só a ele, a iniciativa de fixar o momento e a duração, a forma e o local dos encontros; em que cada um contribuiria com a aprendizagem do outro, pois partindo desta partilha, todos iriam conquistar seu próprio conhecimento (Snyders, 1981, p. 246).

Em contrapartida, este estudo parte do pressuposto de que a alfabetização não formal (associada à educação popular) da formal (ligada à educação escolar) pode ser compreendida na dialeticidade, sem ficar presa a uma visão polarizada. A proximidade, entre elas, é a apropriação da leitura e da escrita, mas, sobretudo, requer a criticidade (Freire; 1977; 2019a;1996b; 2020). Ou seja, tanto uma quanto outra, numa implicação mútua, podem constituir caminhos concordantes e legítimos à educação de trabalhadores que têm direito à escola pública[12].

3.3 ETAPAS DA PESQUISA

1. **Questionários semidiretivos com perguntas fechadas e padronizadas e outras abertas em Manzini (1991; 2003)**

A primeira etapa da pesquisa foi a produção de dados de identificação dos sujeitos. Nesse estudo foram consideradas a participação de 25 sujeitos. O critérios de corte escolhido refere--se à frequência e à permanência dos migrantes na experiência de alfabetização. Consideramos que esse quantitiativo permitiu a categorização e enumeração das principais características dos participantes da alfabetização "não escolar". Assim, o Quadro 1, a seguir, mostra o modelo do questionário preenchido no ato da matrícula da alfabetização "não escolar".

Quadro 1 – Questionário de identificação

a) Nome
b) Idade:
c) Sexo ( ) feminino ( ) masculino
d) Data de nascimento
e) Natural de: Estado:

---

[12] Ver: Educação Pública e Educação Popular em Freire (2020, p. 105-127).

f) Já frequentou a escola ?	Quando e onde?
g) Endereço atual:	
h) Profissão:	
i) Tempo de moradia na Vila do Areião:	

Fonte: elaborado pela autora com base em Manzini (1990; 2003)

2. Produção de narrativas sobre as trajetórias vidas ligadas à questão do acesso à escolarização

A produção das narrativas dos migrantes aconteceu em situação de alfabetização "não escolar", durante os encontro-aulas. Dos 25 sujeitos, utilizamos, nesta pesquisa, os dados de migrantes (N=11) sobre suas trajetória de vida em relação ao acesso, ou não, à educação escolar. Este corte refere-se à efetiva participação, dos mesmos integrantes, na terceira etapa da pesquisa, ou seja, nas Rodas de Dialógo (N=11).

Seguem os principais critérios de execução das entrevistas sobre as trajetórias de vida em relação ao acesso à educação escolar: a) relato sobre a história e suas experiências vividas no passado sobre o acesso à escola; b) ser realizada em situação de alfabetização, mas como um "diálogo informal e sincero com reflexões e interpretações dos próprios sujeitos; b) o entrevistado é produtor de significados e, portanto, não houve interrupções tentando presuádi-los de suas convições; c) o foco era "recuperar a experiência e a visão de mundo daquele que viveu o não acesso á escola para aprender a ler e escrever" (Alberti, 2004, p. 102).

Assim, seguimos o roteiro (Quadro 2) para a produção de narrativas de migrantes sobre suas trajetórias de vida em relação ao acesso à educação escolar, no âmbito da história oral (Alberti, 2004).

Quadro 2 – Roteiro: produção das histórias sobre a trajetória de vida em relação ao acesso à educação escolar (aberto e semidiretivo fechado)

1. Relate sobre :

a) Conte a história, desde a sua infância, sobre o ingresso ou não na escola para aprender a ler e escrever.

b) Quais são as suas possibilidades e dificuldades de frequentar esta proposta de alfabetização inserida na comunidade do Areião?

2. Durante sua trajetória de vida, ou seja, sair de sua terra de origem e vir morar no Guarujá, e aqui constituir uma condição de vida melhor, como ficou o seu desejo de aprender a ler e a escrever?

( ) Esquecido porque tianha outras prioridades e preocupações.

( )Um sonho sempre presente nos seus pensamentos, mesmo com as preocupações da manutenção da vida, mas sem saber como iria realizá-lo.

( ) Não acreditava que um dia podesse ingressar numa escola para aprender a elr e escrever.

Relate: (questão aberta)

Fonte: elaborado pela autora com base em Alberti (2004)

Este roteiro permitiu a produção de narrativas autobiográficas dos participantes da pesquisa (Quadro 2). Desse modo, em especial, buscamos apoio em Lima, Geraldi e Geraldi (2015) que tratam da pesquisa utilizando as narrativas (auto)biográfica. Eles identificam quatro tipos: a) narrativa como construção de sentidos de um evento: pesquisa em história oral que emerge das memórias dos narradores sobre um determinado evento; numa versão não oficial, mas narrada pelos sujeitos que viveram o acontecimento; b) narrativa auto(biográfica): reconstituição da história de uma pessoa narrada por si mesmo; c) narrativa de experiências planejadas para a pesquisa: possui uma intencionalidade prévia para responder questões postas no projeto de pesquisa de modo experimental; d) narrativa de experiências do vivido: utiliza uma experiência significativa da vida do sujeito que passa a ser o objeto de compreensão. Contudo, esta divisão não pode ser compreendida como uma lógica cartesiana, pois há confluências entre os tipos de produção de narrativas.

Nesse sentido, consideramos em destaque dois tipos de narrativa: a) construção de sentidos de um evento; b) "experiência do vivido". As narrativas estão entrelaçadas entre as memórias particulares e analisados dentro dos contextos das políticas educacionais vividas pelos sujeitos, antes e depois da Lei de Diretrizes e Bases da Educação Nacional (LDB) (Brasil, 1996)

Consideramos, ainda, o que propõe Bakhtin (1993;1998; 2010) sobre as visões de mundo; Larrossa (1995; 2002), quanto ao conceito de experiência; Benjamin (1995), da narrativa e do conselho; Aguilar e Chávez (2013), quanto à abordagem biografia-narrativa; Bragança e Lima (2016), quanto à articulação da abordagem (auto)biográfica e o uso de conceitos da metodologia da história oral e o uso do conceito de filtro que trata as narrativas como fragmentos; Abdalla (2018) quanto o uso das narrativas como dispositivo de formação.

As narrativas (auto)biográficas das experiências do vivido, apresentadas neste estudo, são acontecimentos escolhidos, valorizados e interpretado pelo próprio sujeito. É o autor que atribui um sentido à experiência vivida. Delory-Momberger (2006, p. 59) afirma que "o sujeito retraça seu percurso individual que ele se inscreve nas pertenças familiares, afetivas, socioprofissionais, econômicas e ideológicas".

Esse material foi gravado em áudio e, posteriomente, transcrito na forma literal da fala com proximidade ao modo como foram pronunciadas, objetivando dar ideia dos dialetos, dos modos de expressão, do esforço em falar de acordo com a norma misturado ao modo do seu cotidiano, nas reais condições do migrante. A preocupação era analisar sem criar estereótipo, verificar a distância entre o real e o ideal de uma escola que propõe alfabetizar jovens e adultos migrantes.

Destacamos, ainda, que esse material serviu também para o processo educativo de alfabetização em relação ao conjunto de palavras e temas usadas no processo de ensino/aprendizagem. Além disso, os relatos de história de vida, analisados à luz da metodologia de Análise de Conteúdo em Bardin (2016), foram fundamentais para estabelecer as seguintes categorias de análise: sobrevivência, trabalho e aprendizagem.

Inclusive, esse trabalho é apresentado no livro *Políticas educacionais: elementos para reflexão*, de Martins e Werle (2010), como um dos resultados de investigação do Grupo de Pesquisa. Por fim, destacamos, a relevância, no âmbito da pesquisa-ação, na composição do *corpus* lexical que serviu de base para a elaboração de conteúdos programáticos, na perspectiva de uma investigação temática (Freire, 2019a), para a alfabetização, propriamente dita, e para a pesquisa acadêmica. Logo, trata-se de uma união entre a prática educativa e os estudos realizados em Programa de Pesquisa de Pós-Graduação em Educação.

3. Roda de Diálogo: "circuito perverso": sobrevivência-trabalho-estudar-sobrevivência

Nesta última etapa, realizamos a Roda de Diálogo (N=11) em situação de encontro-aula (Figura 1). Utilizamos os relatos sobre as trajetórias de vida dos próprios participantes. Objetivou-se, apoiado nos procedimentos de uma investigação temática (Freire, 2019a) e de um grupo focal (Gatti, 2005), analisar, de modo mais crítico possível, a realidade de não terem tido acesso à educação escolar. Sendo que, prioritariamente, seguimos o proposto em Freire (2019a, p. 138-166) sobre os vários momentos da investigação, portanto assumimos a indissociabilidade da reflexibilidade, dialogicidade e politicidade assumidas pelo autor.

Em Gatti (2005), buscamos apoio para organizar os procedimentos adotados. Essa escolha, como meio de pesquisa de campo, prevaleceu sobre as elaborações mais abstratas. Compreendemos os procedimentos adotados, tornaria possível a discussão das categorias. Foi uma forma possível para captar os conceitos, as crenças, os sentimentos, as atitudes, as experiências e as reações, em um nível que não seria possível com outros métodos. Permitiu o levantamento de uma boa quantidade de informações, assim emergiram múltiplos pontos de vista.

A educadora atuou como mediadora dos diálogos. Ela explicou que havia lido atentamente todas as histórias de vida dos migrantes. Nelas, havia a presença de três questões comuns nas experências vividas: o desejo de aprender a ler e escrever, as condições de trabalho e sobrevivência. Apresentou como seriam organizadas as conversas, mas, prioritariamente, não se tratava de respostas certas ou erradas, mas a exposição de fatos ligados às suas vidas e à escuta atenta da fala do outro cuja vivência era semelhante.

Para focalizar as reflexões e análises, os migrantes e a educadora assistiram um trecho do filme "Abril despedaçado". Essa história se passa em 1910 e conta a vida de uma família nordestina marcada pela violência e pelo trabalho no agreste brasileiro. Na trama aparece o problema de um personagem que deseja muito aprender a ler e escrever. Esse menino trabalhava na roça, num afazer árduo e braçal, e, em vários momentos, expressava seu anseio de aprender a ler e escrever. Esse personagem fantasia um mundo onde ele pudesse estudar e aprender a ler e escrever.

Com isso, o objeto do diálogo foi sobre o "circuito perverso": sobrevivência-trabalho-estudo, ou seja, o desejo de aprender a ler e escrever, o tempo e a força dedicado ao trabalho braçal e à necessidade de sobrevivência, pois essas dimensões de perversidade cíclica marcaram as trajetórias de vida dos migrantes investigados.

A Figura 2, a seguir, serve para ilustrar como eram realizadas as Rodas de Diálogo durante os encontros-aulas.

Figura 2 – Roda de Diálogo

Fonte: Cacemiro (2008), data 16/08/2007

As narrativas produzidas em Roda de Diálogo (Figura 2) foram transcritas, mas, diferentemente das histórias de trajetória de vida, em que as pronúncias dos migrantes foram mantidas para preservar a caracterização cultural, nesta etapa, ao contrário, as falas foram editadas, corrigindo o português, mas mantendo o conteúdo e o tom coloquial da conversa. Objetivou-se, assim, destacar o conteúdo do debate. Também foram categorizadas pelos termos: sobrevivência-trabalho-estudar, apuradas com a utilização da metodologia de Análise de Conteúdo em Bardin (2016).

Quanto ao uso de narrativas autobiográficas, buscamos apoio nos seguintes conceitos: a visão do sujeito e mundo de Bakhtin (1993); o conceito de experiência de Larrosa (1995); a narrativa e o conselho de Benjamim (1985); as compreensões e os significados desvelados nas próprias narrativas dos sujeitos; a cisão do mundo da cultura do mundo da vida de Bakhtin (1993) e a questão fundamental são a indissociabilidade entre a pesquisa e a formação, segundo Nóvoa e Finger (2010).

Assim, o ponto central das conversas referíam-se à contradição entre o desejo de ler e escrever e suas reais experiências de fracasso (seja pela contingência de abandonar a escola, seja por sequer ter tido acesso a ela).

Resta-nos, ainda, destacar que esse caminho metodológico passou pela união entre a pesquisa acadêmica e uma prática docente em uma experiência de alfabetização "não escolar". Mostrando, assim, um caminho possível tanto para descortinar as possibilidades de inclusão de pessoas que têm dificuldade de acesso à escola quanto sobre a importância da pesquisa-ação como algo "eminentemente pedagógica" e favorável à ação docente (Franco, 2005, p. 483).

3.4 ANÁLISE DE CONTEÚDO EM BARDIN (2016) E AS CATEGORIAS DE ANÁLISE

Tanto as narrativas autobiográficas (N=11) sobre as trajetórias de vida de migrantes sobre o acesso, ou não, à escola quanto as narrativas dos diálogos (N= 11) produzidos em Roda de Diálogo sobre o circuito perverso foram analisadas mediante à metodologia de Análise de Conteúdo em Bardin (2016), obedecendo às seguintes fases: 1º) leitura flutuante da transcrição dos diálogos; 2º) codificação das repetições mediante a regra de frequência e o sentido lexical, e, por fim; 3º) a decodificação frente ao quadro teórico escolhido.

Adotamos a expressão: "circuito perverso": sobrevivência-trabalho-estudar como chave de leitura dos dados obtidos. Esses códigos foram baseados pela enumeração e frequência no conjunto lexical (Bardin, 2016). Verificamos, assim, a presença homogênia e o sentido semântico dessas expressões nos relatos dos migrantes. Além disso, tal definição estava em consonância com a perspectiva crítica em Marx (1979), que trata da produção material da própria existência da condição humana e, em Thiollet (1986), Abdalla (2005), Franco (2005), Demo (2006) e Gil (2010), quanto à metodologia da pesquisa-ação.

Com isso, definimos, assim, quais seriam as dimensões de análise, quais sejam: 1ª) Sobrevivência e Trabalho e o desejo de estudar; 2º) Identidade social e profissional em Dubar (1997). Delas, foram enumeradas, respectivamente, as seguintes "Unidades de Sentido": 1ª) Saberes cognitivos/afetivos, sociais e culturais sobre: o trabalho, a sobrevivência, o direito de estudar; 2ª) trajetória pessol sobre as condições de vida e trabalho e o acesso à educação escolar.

Por fim, a construção do *corpus* investigativo estava relacionada à linguagem em situação da experiência de alfabetização "não escolar", ou seja, de questionários semiabertos (no ato da matrícula), dos relatos autobiográficos acerca das histórias de vida e o acesso, ou não, à escolarização – e, por fim, as narrativas produzidas em Rodas de Diálogo, num formato de grupo focal.

No próximo capítulo, apresentaremos análises e resultados desta pesquisa.

CAPÍTULO 4

DOS RESULTADOS À DISCUSSÃO: CIRCUITO PERVERSO: SOBREVIVÊNCIA, TRABALHO E ESTUDO

> *Eu tinha uma vontade enorme de estudar, mas meu pai dizia: "Não". Meu pai era muito severo. Ele dizia: "Você não me fale mais em estudar, porque mulher nasceu pra trabalhar na cozinha, lavar e passar; você não pode estudar. Os meus irmãos homens estudaram, mas as mulheres não (Sebastiana, 68 anos, 2008).*

> *Eu mesmo, no momento, não posso estudar longe. Nem mais de bicicleta eu posso andar. Esse colégio perto é bom, mas tem que ter a qualidade da professora. Graças a Deus, que a professora vem ensinar pra nós (Severino, 54 anos, 2008).*

As epígrafes sinalizam a condição de vida de migrantes que frequentaram a experiência de alfabetização "não escolar". Os participantes pertenciam a um cenário de exclusão social por estarem em desigualdades socioeconômicas e socioculturais (inclusão escolar, raça, etnia, gênero etc.). Assim, recordamos que a problemática central deste estudo refere-se à condição real de migrantes não alfabetizados que, embora residissem há vários anos na cidade de Guarujá, e outros, com tempo menor de moradia no município, em ambos os casos, nunca haviam frequentado a escola ou dela tinham evadido.

Assim, num primeiro plano, podemos analisar os primeiros dados e considerações iniciais:

- A implantação da alfabetização de adultos realizada, inicialmente, por intermédio do Projeto Habitar Brasil/ Banco Interamericano (PRHB/BID) indicava os seguintes dados em relação às Vilas Rã, Areião e Sossego:

No universo de 718 pessoas, 435 pessoas nunca haviam estudado. Destas, 22 eram crianças ou adolescentes com idade entre 8 e 18 anos; dos 413 moradores, acima de 19 anos, nunca haviam estudado. Essa pesquisa executada pela "Maxsystem Serviços Ltda, empresa contratada pela Prefeitura Municipal de Guarujá, resultando em um banco de dados imobiliário e social (PRHB, 2000, p. 42).

- O PRHB/BID pretendia-se, por intermédio do Programa de Alfabetização Solidária, organizado pela Universidade Católica de Santos, realizar a formação de voluntários para atuar nas Vilas Areião, Rã e Sossego. Essa ação objetivava evitar gastos financeiros. Além disso, essa posição concorre com as ideias de políticas de cunho neoliberal que sustenta, entre outros princípios, que o

> Estado não deve ter funções sociais nem, muito menos, funções econômicas na sociedade, restringindo-se suas funções às três [...]: a função policial, a função judicial e a função militar (Chaves, 2007, p. 42).

No entanto, não houve a inscrição de monitores para essa ação.

- De fato, a ação educativa de alfabetização de adultos foi realizada por uma educadora do quadro do ensino formal, encaminhada pelo poder público municipal. O trabalho pedagógico desenvolvido apoiou-se em Freire, que nos diz que:

> Cabe aos educadores e educadoras progressistas, armados de clareza e decisão política, de coerência, de competência pedagógica e científica, da necessária sabedoria que percebe as relações entre várias táticas e estrátegias não se deixarem intimidar (Freire, 2020, p. 117).

- Logo, a realização da experiência de alfabetização "não escolar", em encontro-aulas, num canteiro de obras, próximo das moradias dos migrantes, foi uma uma forma de resistência a espaços/tempos neoliberais[13]. E houve a pos-

---

[13] Ver: Cacemiro (2018a)

sibilidade de organização do tempo e do espaço de acordo com as condições de vida e necessidades dos migrantes.

- Aventamos a hipótese de que a escola não tem dado conta de superar a situação apresentada pelo público de migrantes investigados. Verificou-se que condição de vida de alunos trabalhadores não coaduna com os modelos rígidos ou transitórios oferecidos pelos programas de alfabetização. Isso porque os participantes estavam presos às amarras da concretude real e social de suas vidas em condição de exlusão social, e permanecem distanciados do acesso a uma educação escolar.

Para aprofundar este estudo, apresentaremos, num segundo plano, os resultados e as análises em três momentos: a) análise do perfil dos participantes; b) narrativas autobiográficas de migrantes sobre a trajetória de vida em relação ao acesso ou não à educação escolar; c) narrativas de migrantes produzidas em Roda de Diálogo sobre o circuito perverso – sobrevivência, trabalho e estudo.

Como já foi dito, utilizamos a técnica de Análise de Conteúdo em Bardin (2016) para o tratamento do *corpus* lexical investigativo. Verificamos que as expressões "**sobrevivivência, trabalho, desejo de estudar**" apareciam com maior frequência e ancoravam-se nos mesmos sentidos semáticos. Desse modo, classificamos os dados produzidos em dimensões de análise, categorias de análise e unidade de sentido (Quadro 3).

Quadro 3 – Dimensões, categorias e unidade de sentido

Dimensões de Análise	Categorias de Análise	Unidades de Sentido
Circuito perverso (1ª dimensão) Marx (1979;1993) / Freire (1996b; 2019a, 2014b)	Perversidade cíclica 1. sobrevivência, trabalho e estudo. 2. subjetividade: desejo de aprender ler e os obstáculos reais.	Saberes cognitivos/afetivos, sociais e culturais sobre a perversidade cíclica.

Dimensões de Análise	Categorias de Análise	Unidades de Sentido
Identidade (2ª dimensão) Dubar (1997)	Uso de narrativas: na produção de conhecimentos	Trajetórias pessoais sobre as condiçõs de vida e trabalho em relação ao acesso à educação escolar.

Fonte: elaborado pela autora com base em Bardin (2016)

Como exposto (Quadro 3), ensejamos trilhar um caminho expositivo e análitico para compreender o problema e atingir os objetivos desta pesquisa, em consonância com os três elos pinçados do quadro teórico.

Destacamos, ainda, que a tecitura triangualar, entre elos, inspirada na Proposta Triangular de "Ana Mae Babosa"[14] e em Fick (2009) é composta pelos eixos: a) a relação entre o ente humano histórico-social e o trabalho em Karl Marx; b) a vocação humana de *"ser mais"*, na relação entre a "consciência ingênia para a mais crítica" em Paulo Freire, por fim; c) abarcando de maneira periférica, as dinâmicas da identidade social e profissional em Claude Dubar nos atos de atribuição e pertença.

Na próxima subseção, apresentaremos as análises do perfil dos participantes da primeira e segunda etapa da pesquisa.

4.1. DA ANÁLISE DO PERFIL DOS PARTICIPANTES

O perfil dos participantes será apresentado tanto em formato de texto quanto de tabelas, seguido pela interpretação dos respectivos dados. A pesquisa foi realizada em três etapas: 1º) migrantes (N=25) que frequentavam a alfabetização "não escolar"; 2º) narrativas autobiograficas (N=11) sobre a trajetória de vida em relação ao acesso ou não da escolarização; 3º) narrativas de migrantes (N=11) produzidas em Roda de Diálogo sobre o circuito perverso – sobrevivência, trabalho e estudo.

---

[14] Ana Mae Babosa, nos anos de 1980 e 1990, desenvolveu uma abordagem triangular baseado em três eixos – leitura de obra de Arte, o fazer artístico e a contextualização para o ensino de Arte.

Objetivou-se, a cada etapa da pesquisa, afunilar e aprofundar as análises sobre "**o circuito perverso: sobrevivência, trabalho e estudo**". Esse dado foi localizado na primeira etapa da pesquisa, e é subtítulo deste Capítulo. E, ao desenvolver a Roda de Diálogo, buscamos analisar o cerne do problema e o posicionamento dos migrantes mais crítico possível, como propõe Freire (2019a).

Em relação à primeira etapa, ressaltamos que os 25 integrantes relataram suas trajetórias de vida em situação de alfabetização "não escolar". Este material compôs o material-base para o processo de alfabetização, portanto foi utilizado para compor os conteúdos prógramáticos. Nessa ação didática, buscou-se aliar tanto o conhecimento técnico abordado na Psicogênese da Língua Escrita em Ferreiro e Teberosky (1987), em relação às hipoteses da escrita, quanto à posição política em Freire (2019a) sobre uma prática educativa progressista no âmbito de uma sistematização de uma investigação temática.

O primeiro grupo de migrantes (N=25) é delineiado nos seguintes termos: a) sexo feminino (72%); b) com prevalência da faixa etária de 35 a 55 anos (71%), sendo que 29% tinham idade acima de 55 anos.

Desse primeiro grupo (N=25), onze participaram das etapas seguintes, ou seja; a) narrativas autobiográficas sobre suas trajetórias de vida em relação ao acesso à escola; b) narrativas produzidas em Roda de Diálogo sobre o circuito perverso – sobrevivência, trabalho e estudo.

Esse segundo grupo (N=11) é delineiado nos seguintes termos: a) sexo feminino (91%), com prevalência da faixa etária de 35 a 48 anos, sendo que 27% tinham idade acima de 54 anos, conforme pode ser verificado, com maiores detalhes, a seguir (Quadro 4):

Quadro 4 – Dados do questionário de identificação

Nº	Idade	Estado Civil	Tem filhos (S) sim (N) não	Profissão	Experiência Escolar: (S) sim (N) não	Tempo de moradia, após a migração do Nordeste	Por que você quer aprender a ler e escrever? (1º dia de encontro-aula)
01	38	Casada	S	Doméstica	S	1a e 4m	Escrever e ler para alguém.
02	38	Casada	S	Faxineira	N	13 anos	Escrever recados para a patroa, ler receitas e cartas de correspondênca.
03	35	Casada	S	"Do Lar"	N	32 anos	Escrever e ler bilhetes para a minha patroa.
04	48	Casada	S	Doméstica	N	9 anos	Melhorar e fazer outro serviço.
05	42	Casada	S	Empregada doméstica	N	21 anos	Anotar os pedidos das minhas vendas. Assinar documentos no banco.
06	24	Casada	S	Faxineira	N	12 anos	Fazer listas de nomes, organizo excursões aqui no bairro.

Nº	Idade	Estado Civil	Tem filhos (S) sim (N) não	Profissão	Experiência Escolar: (S) sim (N) não	Tempo de moradia, após a migração do Nordeste	Por que você quer aprender a ler e escrever? (1º dia de encontro-aula)
07	46	Casada	S	Vendedora / Autônoma	N	15 anos	Ler receitas e saber fazer contas.
08	68	Casada	S	Ajudante de cozinha	N	33 anos	Fazer uma lista de compra para a minha patroa.
09	47	Casada	S	Cozinheira	N	47 anos	Meu sonho é ler e escrever. Ler os documentos, preencher uma ficha, saber escrver os nomes das pessoas que eu lavo as roupas.
10	59	Viúva	S	Lavadeira	N	45 anos	Assinar meu nome para receber meu holerite.
11	54	Casado	S	Pedreiro	N	57 anos	Escrever cartas para os parentes que ficaram no Nordeste.

Fonte: dados da pesquisa (2008)

Como pode ser verificado, na segunda etapa houve a participação majoritária de mulheres (Quadro 4). Para evitar que o estudo ficasse marcado pela questão de gênero – apesar da grande relevância social –, utilizamos o material empírico sobre a trajetória de vida de outros homens do primeiro grupo (N=25), em especial sobre a trajetória de vida do migrante Domingos, focalizando o objeto perquerido.

De acordo com a questão aberta sobre o motivo que os levou a buscar a alfabetização, verificamos que a relação entre a alfabetização e o trabalho é posta num sentido funcional. Apenas um autor sinalizou a ideia de mudança no âmbito pessoal e profissional ao dizer que desejava "melhorar e fazer outro serviço".

Essa relação direta de uma educação para execução de um ofício tem um caráter antidiálogico. Como nos diz Freire (2019a, p.186): "O sujeito da conquista determina suas finalidades ao objeto conquistado". Logo, a apropriação da leitura e da escrita deveria fluir uma gama de possibilidades, no entanto, a questão da sobrevivência e uma educação antidiálogica obstaculizam outra visão de mundo.

Assim, na próxima subseção, pretendemos tecer análises amparadas pelo quadro teórico escolhido e, prioritariamente, pela abordagem freireiana quanto à classificação de uma consciência ingênua em direção de outra mais crítica possível.

4.2. DAS NARRATIVAS AUTOBIOGRÁFICAS: TRAJETÓRIAS DE VIDA EM RELAÇÃO AO ACESSO, OU NÃO, À ESCOLA

> *Estamos vivendo ainda. Eu não passei fome não, né.*
> *Mas esse negócio de aprender ler e escrever não deu, não*
> *(Francisca, 2008).*

A priori, é preciso clarear para o leitor que ao descrever as histórias de vida dos migrantes, não pretendemos forjar uma imagem estereotipada de pessoas não alfabetizadas, tampouco aventar quaisquer soluções assistencialistas ou sugerir a necessidade de campanhas emergenciais para sanar os problemas do analfabetismo.

Objetivamos, aqui; a) identificar quais são os saberes cognitivos/afetivos, sociais e culturais e a visão de mundo dos migrantes sobre as vicissitudes do acesso e do não acesso à escolarização e de sua visão sobre as possibilidades de apropriação da leitura e escrita; b) contribuir com a discussão sobre o direito à educação daqueles que não tiveram acesso à alfabetização escolar, portanto é uma forma de exclusão social; c) compreeender a condição de vida de migrantes, sujeitos históricos-sociais, investigados nesta pesquisa, no âmbito dos estudos filosófico-antropológicos, pelo viés da triangulação entre conceitos teóricos marxista e freireana e a questão identitária pela atividade de trabalho.

Nessas intenções, a presente seção destaca, em dois momentos, os principais resultados obtidos por meio das narrativas autobiográficas dos migrantes da primeira etapa da pesquisa (N=25).

Primeiro, as narrativas autobiográficas (N=25), produzidas sobre as trajetórias de vida de migrantes, contribuiam para a composição de conteúdos prográmáticos da experiência de alfabetização "não escolar". Embora este aspecto didático não seja o escopo deste estudo, destacamos que no âmbito da pesquisa-ação serviu, como afirma Thiollent (1997, p. 36), para solucionar "os problemas colocados [...] de ordem prática. Trata-se de procurar soluções para se chegar a alcançar um objetivo ou realizar uma possível transformação dentro da situação observada". Nesse sentido, o problema social a ser resolvido era oferecer condições de tempos e espaço à permanência de migrantes nos encontro-aula na experiência da alfabetização "não escolar".

Desse modo, consideramos as dificuldades dos migrantes em relação ao tempo dedicado ao trabalho extenuante e às condições de vida. Assim, foi necessário articular os horários dos encontros-aula às suas realidades do cotidiano. Como resolvemos o problema? Cada encontro-aula durava cerca de duas horas e buscava a produção da leitura e da escrita que envolvia as experiências de vida dos alunos. Havia um grupo formado por mulheres e idosas atendidas das 17h às 19h. A segunda turma começava os estudo às 19h30min às 21h30min, composto por homens e mulheres que tinham horários fixos de trabalho. Esse público exercia trabalhos braçais e chegava muito cansado para os encontros-aula. Outro aspecto de mudança refere-se à prática da educadora que, até aquela data, não tinha tido experiência profissional como educadora fora do espaço escolar.

E, num segundo momento, os resultados obtidos por meio das narrativas autobiográficas foram o ponto de partida desta investigação. Ou seja, verificamos nas narrativas a presença da "perversidade cíclica" entre a "necessidade de sobrevivência", do "tempo e a força dedicados ao trabalho braçal" e do "desejo de aprender a ler e escrever". Esses dados foram obtidos pela técnica de Análise de Conteúdo em Bardin (2016), mediante a codificação de frequência e semântica lexical.

Elegemos esses resultados como as principais categorias de análise deste estudo. A partir disso, verificamos quais eram os saberes cognitivos/afetivos, sociais e culturais e a visão de mundo dos migrantes sobre as vicissitudes do acesso e de não acesso à escolarização, assim: a) não acreditavam que tinham direito à educação; b) numa visão ingênua, atribuem aos familiares a responsabilidade pelo não acesso à educação escolar; c) há também a ideia mítica de que era a vontade de Deus, tanto os sofrimentos que enfrentavam no cotidiano e o não acesso à escola quanto, por exemplo, o envio de uma professsora ao bairro dos participantes. Isso pode ser verificado na voz do entrevistado que disse: "[...] *Esse colégio perto é bom, mas tem que ter a qualidade da professora. Graças a Deus, que a professora vem ensinar pra nós* [...]" (Severino, 54 anos, 2008).

Identificamos, assim, algumas características da consciência ingênua, pois suas justificativas revelavam certa simplicidade na interpretação do problema, mostravam aceitação a respeito da segregação social e, ainda, emergiam as ideias de mágica ou de mitos (Freire, 2014b).

Desse modo, os migrantes relatavam suas visões de mundo sobre o não acesso à apropriação da leitura e da escrita, contudo, ficam na superfície e na periferia da problemática, ou seja, não avançam para a questão da desigualdade socioeconômica e socio-cultural. Entretanto, em suas perceções periféricas, apontavam pistas sobre a questão da desigualdade social e as políticas públicas. A autora disse:

> *Olha! Eu acho que se a prefeitura tivesse feito isso, muitos anos atrás, muitas pessoas já teriam estudado, aqui perto mesmo. Mas, olha a nossa situação aqui. Olha! A situação da nossa salinha não dá não. Quando chove entra tudo aqui. A gente não pode nem vir. Tem que fazer alguma coisa mais organizada. Lógico. O prefeito tem dinheiro pra quê? Tem que fazer as coisas é para nós, os mais pobres. Afinal de contas, quando a gente vai votar mete o dedo lá. Vai e vota no fulano de tal, não é? Depois que põe o nome dele acabou e pronto. E nós?* (Francisca, 2008, grifo nosso)

A entrevistada, ao dizer, "*tivesso feito isso*", refere-se à experiência de alfabetização "não escolar" próxima à moradia dos migrantes. A partir dessas narrativas, por exemplo, foi possível desenvolver uma investigação temática para o partejamento e o desvelamento sobre as condições sociais concretas de exclusão, ou seja, aquilo que está oculto.

À reboque, também apareceu na voz dos entrevistados a preocupação sobre a "qualidade do ensino" e que, "permanecer na alfabetização depende da 'força de vontade'", sinalizando, assim, o ideário liberal de mérito e responsabilização dos indivíduos. Assim, os migrantes representaram a educação escolar como algo que eles não tinham merecimento e/ou capacidade para desenvolver. Essas marcas revelam a presença da propaganda do pensamento neoliberal que responsabiliza o indivíduo pelos fracassos e pelos méritos.

Aparece a ideia subjetiva de escola de "*um lugar alto*" (Severino, 2008), como algo que não havia pertencimento. Sobre a questão da compreensão subjetiva da educação, Brandão (1995,

p. 62) esclarece que essa dimensão é ressaltada porque há um destaque sobre o modo como o sujeito aprende e são desconsideradas as condições sociais concretas de exclusão. Aquilo que acontece "dentro" é priorizado. Passa-se a imagem de que a educação refere-se, meramente, ao desenvolvimento do sujeito, de dentro para fora, para desenvolver as "potencialidades". Assim, com diz autor, são desconsideradas as condições reais de vida dos sujeitos.

Entrentanto, em todos os discursos ficaram escondida a questão da equidade de direitos e o direito à educação. Assim, verificamos, por exemplo, a presença do constragimento dos migrantes para realizar a matrícula. Num olhar externo, pode parecer fácil ultrapassar a soleira da porta do barracão para ingressar na experiência educativa, organizada na próximidade das residências dos participantes e com flexibilidade de tempo/espaço. Tal análise é aérea e não parte da concretude real da vida dos migrantes, pois desconsidera as relações de opressor/oprimido e as condições concretas e reais da luta pela sobrevivência dos participantes desta pesquisa.

O dado (objetivo/subjetivo) a ser considerado é sobre a dificuldade dos migrantes de apresentarem-se como alguém que não sabe ler e escrever. Este fato era compreendido pelos sujeitos como algo degradante e que lhes causavam vergonha. Aparece em seus relatos que a decisão de ingressar na experiência de alfabetização era profundamente difícil e subjugadora. Como se eles fossem responsáveis pelo não acesso à escola e demonstravam sentimento de inferioridade. Tais compreensões obstacularizavam o entendimento dos migrantes sobre os reais motivos do não acesso à escola. Na esssência, não compreendiam a educação como um direito. Um dos autores disse:

> Trabalho só o de casa. Eu nunca trabalhei fora. Só em casa. Eu só estou estudando porque é perto de minha casa. Se fosse distante não ia não. Eu não estudei quando era pequena... Estudar agora? Eu tinha uma maior cisma. Pensava que todo mundo ia ficar me

reparando de cima para baixo. Eu dizia: "Deus do Céu".
Eu olhei pra professora Zulmira e pensei; "se ela olhar
muito pra mim eu fujo daqui!" (Francisca, 2008)

Essa condição de inferioridade nos remete à questão identitária. Dubar (1997, p. 187) trata dos conceitos de "identidade para outro" e "para si". Ele sintetiza esses conceitos citando um trecho da fala de um diretor técnico, descrita em um inquérito sobre as transformações de uma empresa, nos seguintes termos:

> São os saídos da escola por causa do insucesso escolar, não motivados para uma formação, incapazes de olharem para o futuro (incapazes de atribuirem valor a si própria/incapazes de efectuarem um cálculo elementar), que não tem o hábito do rigor e da precisão (porque a empresa apenas fabrica produtos de baixa qualidade), que não sabem controlar o seu próprio trabalho e que são difíceis de mobilizar depois de décadas de taylorismo" (Zarifianm, 1988, p. 78 *apud* Dubar, 1997, p. 187)

Dubar (1997, p. 187) explica que este é um excelente exemplo que resume os conceitos de "identidade para outro" e "para si". O autor esclarece que as pessoas que não obtêm sucesso escolar são etiquetadas a executar trabalho braçal porque são desprovidas de qualificação técnica. Daí a relação profissional e a identidade. E a identidade "para si" é relacional ao lugar que ocupa em situação concreta do trabalho que executa.

Nesse sentido, analisamos as falas de outros migrantes. Eles revelavam uma "identidade para outro" e "para si" (Dubar, 1997, p. 187) na etiquetagem de inferioridade. Por outro lado, alguns deles narravam que após o processo migratório, aprenderam novos ofícios e técnicas executadas no trabalho. Neste último, mostravam a dinâmica da questão identitária pela atividade de trabalho, como diz Dubar (2012), e, portanto, mostravam uma visão identitária "para si" e "para outro", agregando uma condição de valorização e de autoestima quando narravam os desempenhos profissionais adquiridos após a migração, executando novos ofícios.

Na sequência, desenvolvermos as análises dos dados obtidos na narrativa autobiográfica de Domingos para aprofundar esses resultados.

4.2.1. Sobre a narrativa autobiográfica de Domingos

Os resultados obtidos na produção de narrativas autobiográficas estão assentados no contexto das narrativas autobiograficas de migrantes (N=11) em relação às categorias: sobrevivência, trabalho e desejo de estudar. Entretanto, deste tópico adiante, destacaremos o relato de Domingos, um dos participantes do primeiro grupo (N=25).

A razão dessa escolha justifica-se pela consonância aos demais relatos que são, majoritarmente, femininos, e serve como uma amostra[15], e sem ficar preso à questão de gênero que, embora seja de relevância, não é o objeto deste estudo.

Sendo assim, a narrativa autobiográfica de Domingos, extraída em situação de alfabetização "não escolar", e semelhante, em certa medida, aos depoimentos dos demais migrantes, contribui para as análises tecidas pela triangulação de eixos conceituais: marxista e freireana e a questão identitária pela atividade de trabalho em Dubar.

A dimensão central do resultado obtido mostrou que o próprio sujeito não manifestou, por exemplo, o entendimento de aquisição da leitura e da escrita como um direito e que sua ausência serve de força motriz à exclusão social. Portanto, tal processo de conscientização requer da prática educativa que vise ao partejamento e ao desvelamento para desenvolver uma compreensão mais crítica dessa realidade, como propõe Freire (2019a).

Esperamos, assim, deste ponto adiante, analisar a narrativa autobiográfica de Domingos e afunilar e aprofundar as discussões pela triangulação dos eixos teóricos já expostos.

---

[15] Com os resultados obtidos na produção de narrativas autobiograficas, a autora desse livro apresentou duas comunicações de trabalhos, respectivamente, na XII e XIII Mostra de Pesquisa do Programa de Pós-Graduação stricto sensu em Educação, quais sejam: Alfabetização 'não escolar' na comunidade de Guarujá: um diálogo entre a educação formal e popular. 2016 e Currículo Comum ou outro que respeite diferenças locais e as condições de vida dos sujeitos? 2017.

4.2.2. Discussão e resultados: narrativas autobiográfica de Domingos

Domingos, nascido na Bahia, até aquela data fazia cinco anos que residia na Vila do Areião. Ele foi um dos migrantes que conseguiram ultrapassar a soleira da porta e ingressar na alfabetização "não escolar". Mas, infelizmente, frequentou apenas dois meses a experiência de alfabetização "não escolar".

Em meados do 2º semestre, no fim do mês de setembro de 2006, Domingos efetivou sua matrícula na experiência de alfabetização "não escolar". Isso ocorreu porque era pemitida a entrada de novos alunos ao longo do período letivo. Recebeu a orientação que poderia frequentar imediatamente o encontro-aula, no entanto, preferiu começar no dia seguinte.

No primeiro dia do encontro-aula, a educadora fez a entrevista narrativa e a sondagem do nível do conhecimento de escrita, ou seja, o levantamento das hipóteses proximais sobre a compreensão da leitura e da escrita (Ferreiro; Teberosky, 1987). Assim, na continuidade do atendimento pedagógico, a educadora apresentou a Domingos uma lista de nomes de objetos ligados ao seu trabalho de pintor, para que, ao identificá-las, do seu jeito, pudesse expressar suas hipóteses prévias sobre a escrita. Esse rol de palavras pertenciam ao mesmo grupo semântico. Objetiva-se, assim, desencadear o processo de alfabetização por um caminho mais significativo à aprendizagem e, ainda, unido à temática "Trabalho".

Nesse momento, Domingos revelou grande dificuldade de manusear o lápis e constatamos que não fazia distinção entre letras e números. Ele também não conhecia os nomes das letras do alfabeto. Com os olhos postos no chão, ombros arqueados, inclinados numa posição de submissão, seus gestos e expressões corporais indicavam uma condição de rebaixamento. Mas era necessário ir além para conhecer quais eram os saberes de Domingos.

No entanto, durante a produção de sua narrativa autobiográfica sobre a trajetória de vida em relação às suas habilidades profissionas desempenhadas no trabalho, verificamos que

Domingos ergue os olhos, libera os ombros e, com entusiasmo, muda sua posição corporal, expressando, assim, a autoconfiança e a certeza de suas capacidades e aprendizagens na execução do seu ofício, mostra que trata-se de uma conquista pessoal de um homem simples.

No cotidiano dos encontros-aulas, o entrevistado revelava uma aparência de exaustão causada pelo esforço empregado no trabalho braçal. Em dezembro, desistiu de participar dos encontros-aula. Isso ocorreu devido à ampliação de sua jornada de trabalho no período de temporada turística na cidade de Guarujá. Como já exposto, o trabalho e a sobrevivência são as prioridades para a manutenção da vida, verificamos as mesmas característica nas narrativas autobiográficas de outros migrantes investigados.

A postura corporal e as falas de Domingos revelaram a dinâmica identitária pela atividade do trabalho em duas versões: a) primeiro, ao narrar a trajetória da sua vida sobre o não acesso ao conhecimento da leitura e da escrita, era de submissão e baixa autoestima; b) segundo, ao narrar sobre suas habilidades no ofício na pintura da embarcações navais, aprendidas graças ao processo migratório, era de autoestima, autoconfiança e altivez, num sentido de sentimento de dignidade. Assim, de um lado, aparece uma condição humana de submissão, ao expor suas dificuldades sobre a escrita e no manuseio do lápis; de outro, uma condição humana mais afirmativa sobre si mesmo, ao tratar dos seus conhecimentos desenvolvidos na arte de pintar embarcações.

Ao relatar, sua experiência profissional mantinha um "brilho" nos olhos. Descreveu que, em apenas seis meses de trabalho na Marina – num condomínio náutico com mansões de alto padrão imobiliário, onde os veranistas guardam também seus iates particulares – conseguiu aprender sozinho a técnica de pintar as embarcações, superando até seus colegas do mesmo ofício. Ainda, como não bastasse tanto trabalho na pintura de inúmeras embarcações, o próprio migrante, aqui mencionado, notou a baixa qualidade do serviço de pintura que estava sendo realizado na casa do seu patrão, pois havia diversas infiltrações; ofereceu-se, então, para refazer a pintura interna da mansão. Ele explicou que o empregador dispensou cinco pintores que apresentavam baixa qualidade do serviço e ficou só com ele. Afinal, ele dizia que desempenhava um trabalho perfeito. Logo, assumiu todo o serviço e, lógico, que seu desgaste era desumananizante.

Nesse momento do depoimento, Domingos esboçou a satisfação, o orgulho pela sua técnica de trabalho e nem sequer demonstrou uma compreensão da exploração de seu trabalho braçal. Também não reclamou do problema do seu desgaste físico, tampouco sobre a importância de que os outros operários precisavam aprender o ofício e manter seus empregos. Antes, expressava a satisfação por ter aprendido sozinho a técnica de restaurar a pintura, tanto nas embarcações como na residência do patrão. Ou seja, ao narrar sobre sua técnica na pintura, revelou-se como alguém que sabe. Narrou que nunca teve acesso aos meios de informações sobre pinturas e que aprendeu a técnica na execução do trabalho. Assim, passou de um ajudante geral e avançou para a categoria de pintor. Nesse momento, mostra sua dignidade e autorreconhecimento pela sua capacidade de produzir, com intelectualidade, a técnica do trabalho. Ele descrevia seu trabalho com enorme entusiasmo.

A educadora perguntou: "Você recebe o salário de cinco operários?". Ele respondeu: "Não". Contudo, sustentou a ideia de que recebia o suficiente para ele viver e mandar dinheiro para sua terra natal, onde estava organizando um sítio e para onde pretendia retornar. Todos os dias, nas aulas de alfabetização, Domingos chegava tão cansado que não conseguia dedicar-se às propostas nos encontro-aulas de aprendizagem.

Antes, Domingos executava o trabalho no campo, vivia na sua terra natal e lidava com o plantio e os cuidados com os animais do sítio. Após o processo migratório, aprendeu outras capacidades intelectuais, que vai desde a ideação à transformação do objeto de seu trabalho, ou seja, a pintura exemplar de embarcações. Assim, o modo de ganha-pão narrado por Domingos mostra que permitiu a produção de uma técnica apurada e, ao mesmo tempo, lhe roubou as forças, porque a potência exigida no trabalho é extremada, colocando-o numa condição desumanizante.

Podemos, também, analisar a narrativa autobiográfica desse entrevistado em três momentos. Em primeiro lugar, na perspectiva marxista, sobre as relações de produção, de trabalho e de exploração ligadas ao sistema capitalista, ou seja, ao lucro, à produção de mercadoria, ao trabalho assalariado e à manutenção das diferenças socioecoômicas (Lucci, 2003, p. 11).

Marx (1979) trata do trabalho como não natural e a condição humana como histórico-social. Assim, o modo de produção de bens materiais é o princípio central da relação entre o homem e a natureza. O autor também explica a relação entre o homem e o trabalho na sociedade capitalista, que produz no homem a alienação à medida que o separa dos meios de produção e do produto do próprio trabalho (força de trabalho e a mercadoria).

Assim, a produção da própria existência é, ao mesmo tempo, o ato que pode libertar o ser humano – ao lhe permitir, a partir da técnica, a manutenção da existência humana –, e acaba por escravizá-lo; aquilo que é fator de hominização converte-se em fator de coisificação.

> De modo geral, a afirmação de que o homem se encontra alienado da sua vida genérica significa que um homem está alienado dos outros, e que cada um dos outros se encontra igualmente alienado da vida humana (Marx, 1993, p. 166).

Ao explicar o "homem", sua presença no mundo, seu papel e sua identidade; reconhecendo-o, implicitamente, em sua interação com a realidade, na qual exerce uma prática intencionalizada, objetivada, transformadora; o próprio homem se autoproduz. Essa constituição histórica, sob o ângulo de um homem social, remete imprescindivelmente a um entendimento da coletividade humana que é geradora de relações de partilhas, portanto um processo histórico e de relações dialéticas: o homem é um constructo social;

arquiteto de sua identidade, transformador da realidade pela ação intencionalizada (Marx, 1979, p. 41-42).

Em segundo lugar, sob a perspectiva freireana quanto à questão da vocação humana de *"ser mais"*, analisaremos a narrativa autobiográfica de Domingos sob o ponto de vista da consciência ingênua para a mais crítica possível (Freire, 2019a; 2014).

De acordo com Freire (2014, p. 52-53), as principais características da consciência ingênua são: a) entendimentos simplistas e superficiais sobre as causas de um fato; b) ideia mítica de que o passado era melhor; c) aceita as formas de segreção ou massificação--fanatismo; d) subestima as pessoas mais simples; e) adota soluções mágicas com solução para os problemas; f) "frágil na discussão dos problemas", prefere acreditar que sabe tudo; g) polêmico, não tem interesse em esclarecer o problema e mantém a discussão presa à emocialidade; g) apresenta conteúdo passional conduzindo ao fanatismo e sectarismo; h) não acredita na mudança do *status quo,* pois trata a realidade histórico-social como dada e acabada.

Em relação às características da conciência crítica, Freire (2014, p. 53-54) estabelece o seguinte rol: a) podendo, ainda, estar desprovido de meios para análises mais profundas, busca entender os fatos indo além da aparência; b) reconhece que as coisas podem ser modificadas; c) substitui as soluções mágicas pelo entendimento das causalidades dos fatos; d) permanece aberto às revisões; e) estudar o fato exige livrar-se do preconceito, da inércia. Esses elementos estão presentes desde a captação do problema até suas análises, num movimento permanente. Freire chama isso de "inquietude", ou seja, ser mais crítico possível envolve um busca constante pelas causas que auteticam o motivo dos problemas; f) "repele toda transferência das responsabilidades e autoridade e aceita a delegação de si mesmo"; g) é indagadora e investigadora; h) aceita o diálogo como uma forma de entender o outro; h) não desvaloriza aquilo que é chamado de "velho", e nem aceita simplemente aquilo se se mostra como sendo o "novo", ou seja, mantém a dialeticidade e "aceita-os na medida em que são válidos".

Diante dessas duas listas estabelecidas por Freire (2014), podemos inferir que o participante Domingos manifestou sua consciência ingênua, por exemplo, ao compreender, de modo superficial, o fato de o patrão dispensar os outros operários e mantê-lo executando todo o trabalho sozinho. Como também, apesar de mostrar sua capacidade de aprender a técnica do trabalho, não consegue acreditar na sua capacidade intectual, ao tratar da aprendizagem da leitura e da escrita.

Freire (2019a) trata da problemática da relação entre opressores/oprimidos, e diz que:

> [...] o grande problema está em que como poderão os oprimidos, que hospedam o opressor em si, participar da elaboração, com seres duplos, inautênticos, da pedagogia de sua libertação. Somente, na medida em que se descubram "hospedeiros" do opressor poderão contribuir para o partejamento de sua pedagogia libertadora (Freire, 2019a, p. 43)

Verificamos, assim, que o entrevistado revelou, na produção de sua narrativa autobiográfica, que hospedava o opressor em si. Ao justificativar a substituição de cinco homens da força de trabalho, argumentou e ressalvou que, independentemente de outros operários tenham sido dispensados, conseguia ganhar o suficiente para seu sustento e, ainda, enviava dinheiro para sua terra natal. Portanto, mantém uma argumentação frágil sobre a questão da exploração da força de trabalho e, além disso, sua narrativa aparece ancorado no ideário liberal que destaca a questão das potencialidades de indivíduos e a responsabilidades individuais de manter o seu próprio emprego.

Entretanto, a posteriori, nos diálogos realizados nos encontros-aulas subsequentes, permitiram que Domingos expusesse arguições, mais críticas possíveis, sobre sua condição de vida e trabalho e sobre sua capacidade de aprendizagem, portanto, compreendeu que tinha condições intelectuais para adquirir novas aprendizagens, também no processo de aquisição da leitura e escrita.

MIGRANTES EM UMA EXPERIÊNCIA DE ALFABETIZAÇÃO "NÃO ESCOLAR":
UMA FORMA DE INCLUSÃO SOCIAL

Assim, o processo de alfabetização de Domingos que começou com a sondagem da escrita, da exploração e produção da escrita de palavras que nomeiam os objetos e os nomes dos produtos utilizados no trabalho e na utilização das histórias de vida dos migrantes, como base do conteúdo de estudo, verificamos a evolução da etapa da pré-silábica (usava letras e números em suas hipóteses sobre a escrita) para a silábica alfabética (ora usava as silábas corretas, ora grafava apenas uma letra para indicar uma sílaba).

Podemos afirmar que Domingos avançou significativamente na aprendizagem da leitura e da escrita em dois meses de trabalho pedagógico. Além disso, apresentava, cada vez mais, arguições e análises mais profundas (possíveis) sobre a exploração da força de trabalho. Esses exemplos ilustram a importância do uso didático das narrativas autobiográficas nas aprendizagens dos migrantes que contribuiu tanto para o desenvolvimento da investigação temática quanto para a promoção de diálogos, em que estava em jogo a relação entre a "consciência ingênia para a mais crítica" na perspectiva freeana.

Em terceiro, sobre a questão identitária profissional, explicitada por Dubar (1997, p. 188-190), que trata da *"identidade para si"*, analisaremos as narrativas de Domingos em dois aspectos: de um lado, o autor, ao tratar sobre seus conhecimentos sobre a leitura e a escrita, revelou atitudes de submissão; de outro, ao narrar sobre sua técnica usada no trabalho, mostrou confiança e soberania. Essas respostas mostram a dinâmica das posições identitárias e, além disso, abarca a dicotomia existente entre "a intectualidade: do braçal ao formal"[16], este último não é tratado neste trabalho. Em especial, em relação à conduta que mostrou que subestimava a si mesmo, verificamos uma condição identitária etiquetada (Dubar, 1997) de pessoa não alfabetizada que executa trabalhos braçais.

---

[16] Ver a concepção de Gramsci em Duriguetto (2014).

Dubar (1997) afirma que o espaço pontencial de reconhecimento identitário é "no interior da situação concreta de trabalho", e "nunca na empresa". Também trata da "identidade biográfica para si e para o outro". Nesse sentido, podemos inferir que as compreensões identitárias aparecem na narrativa de Domingos. Elas estão forjadas pelo trabalho. De um lado, a problemática de não ser alfabetizado e, portanto, ligado à etiquetagem do trabalho braçal e, de outro, a satisfação na execução da técnica específica para realizar a pintura de embarcações navais. Num primeiro momento, mostra-se submisso, no outro, com altivez, relata com satisfação suas habilidades no seu despenho profissional, adquiridas após a migração.

Na próxima subseção, apresentaremos os resultados e as analises da última etapa da pesquisa.

4.3. RODA DE DIÁLOGO: O JOGO DAS OBJETIVIDADES/ SUBJETIVIDADES

A Roda de Diálogo (RD) foi o modo como nomeamos os encontro-aulas para realizar uma investigação temática a respeito das narrativas autobiográficas sobre a trajetória de vida em relação ao acesso à educação escolar. Em relação às condições objetivas e subjetivas da não alfabetização, uma participante disse:

> *Olhava para as figuras e pensava: "se o povo perguntar o que está escrito aí o que é que eu vou dizer?" Então eu colocava no banco assim [fez um gesto como se colocasse o papel ao lado de onde ela estava sentada] Colocava ali e pensava: "será que alguém vai brigar?" Olha minha gente, é uma tristeza a gente viver desse jeito. Isso eu tinha uns dezenove ou vinte anos e ainda era essa ignorância. É uma luta com o medo de que alguém descobrisse que eu não sabia ler* (Luiza, 2008).

Em RD tratamos da temática "circuito perverso": sobreviver, trabalhar e estudar. Estavam reunidos: Eliete, Francisca, Graça, Irene, Judite, Luiza, Luzia, Sebastiana, Severina, Severino e Zulmira, esta última, a mediadora dos diálogos (Figura 1).

Figura 1 – Roda de Diálogo: circuito perverso: sobreviver, trabalhar e estudar

Fonte: elaborado pela autora (2007). Data: 23/08/2007

A conversa foi desencadeada a partir de um trecho do filme "Abril Despedaçado"[17] e houve a comparação com as narrativas autobiográficas dos sujeitos envolvidos.

Vislumbramos, desse modo, tratar da problemática da condição de vida – "eu e outro" – e suas relações. De fato, por exemplo, uma das autoras revelou empatia com a história do protagonista do filme. O personagem, apesar de ser apenas uma criança, lidava com o trabalho no campo e os pais afirmavam que ele não iria para a escola para aprender a ler e escrever. A participante disse:

> [...] *vai fazer 12 anos que eu moro no Guarujá e eu vim de Cândido Sales,na Bahia. Então [...silêncio]. Lá eu não tive oportunidade de estudar porque minha mãe nunca me colocou na escola. Quando eu tinha 10 anos ela me levava pra roça, pra trabalhar junto com meu pai, minhas irmãs lá [na roça] Aí eu vim..aí ele me pegou e mandou me buscar me casei* (Eliete, 38 anos, 2008).

---

[17] O modo como foi utilizado o trecho do filme já foi explicado no Capítulo Metodológico.

A autora explica os obstáculos que enfrentou na sua trajetória de vida em relação ao acesso à educação escolar. Ela atribuiu, de modo ingênuo, que a responsabilidade é de sua mãe que não a colocou na escola, mostrou dois problemas: a condição servil e a de gênero.

No entanto, Freire (2014) explica que subestimar as pessoas simples é uma das característica da consciência ingênua. Assim, existe a falsa crença de que pessoas que não sabem ler e escrever sejam incapazes de tecer arguições críticas. Encontramos na voz da autora algumas pistas de uma leitura (mais crítica possível) da realidade:

> *Você pode estar no chão, passando mal. Mesmo assim, tem que assinar o nome pra passar numa consulta médica. Se o prefeito tivesse feito isso antes: um colégio aqui, um colégio acolá, aqui na vila, uma professora direto pra ensinar a gente aqui na vila. Esse prefeito ou o outro qualquer, a gente não estava nessa. E qualquer que pedisse pra gente assinar o nome. Ali ou aqui, a gente saberia. Não tem condição. Ir ao médico e não receber atendimento por causa de uma assinatura.* (Francisca, 2008, grifo nosso)

A migrante trata da questão de "assinar o nome" e sobre uma política pública de educação escolar no bairro do Areião com foco no problema da alfabetização. Diz que

> [...] não basta assinar o nome, entretanto sem assinar o próprio nome os migrantes se sentem rejeitados como cidadãos, o exemplo disso, é dado quando surgiu a discussão sobre o não atendimento da policlínica municipal (Cacemiro, 2008, p. 101).

Essa migrante expressa sua visão política sobre a realidade de uma comunidade que enfrenta, entre outras barreiras, a questão do analfabetismo. Ao dizer *"se a prefeitura tivesse feito isso"* (Francisca), referindo-se à experiência de alfabetização "não escolar", indica uma solução possível para o problema do analfabetismo na Vila do Areião, numa política pública que envolveria continuidade e permanência da ação estatal. Além disso, explica a função do voto e qual deveria ser o papel do representante do povo. Ela é moradora há 30 anos na Vila do Areião e sabia que não havia ações políticas assertivas para tratar do problema.

E nesse jogo de arguições ficou oculto o contexto histórico-social do problema de desigualdade social que é algo complexo e requer o partejamento. Logo, o desvelamento dos obstáculos enfrentados pelos migrantes requer uma teoria da ação, como explica Freire (2019a, p. 252): "assim como o opressor, para oprimir, precisa de uma teoria da ação opressora, os oprimidos, para se libertarem, igualmente necessitam de uma teoria de sua ação".

Sabemos, com isso, que a exclusão social carrega em si as condições objetivas (materiais) e subjetivas (por exemplo, a consciência ingênua na leitura de mundo). Nesse sentido, Freire (2019a, p. 35) trata a objetividade/subjetividade na unidade dialética. Diz, ainda, que delas que resulta o *"pensar certo"*, ou seja, que *"gera o atuar e pensar certo na e sobre a realidade para a transformação a realidade para transformá-la".*

Foi nesse jogo das objetividades/subjetividades que analisamos as narrativas produzidas em Rodas de Diálogo. Em síntese, destacamos quatro considerações: a) o reconhecimento do condicionamento humano às mazelas sociais; b) o entendimento sobre as características da consciência ingênua (Freire, 2014b); c) a produção de diálogos na horizontalidade, tendo em vista a vocação humana de *"ser mais", humaniza-se* (p. 40); d) por fim, o reconhecimento de que somos seres inconclusos e conscientes do próprio inacabamento, para compreender que o mundo não é pronto e acabado.

Os resultados obtidos na investigação temática sobre a perversidade cíclica que os impediu de acessar o conhecimento da leitura e da escrita permitiram atingir os seguintes objetivos: a) ampliar a discussão sobre os motivos que levaram muitos brasileiros a não ter acesso à escola; b) compreender a educação como direito; c) desmitificar a falsa ideia de que a probreza seria a vontade de Deus; d) produzir diálogos horizontais com seus pares, como uma escuta verdadeira; e) compreender que a realidade social não é estática e imutável. Essas temáticas serviram de conteúdos programáticos para a alfabetização "não escolar".

Por fim, na sequência, nesse "jogo das objetividades/subjetividades", sob a triângulação conceitual, analisaremos as narrativas produzidas em RD mediante as dimensões, categorias e unidades de sentido, expostas no Quadro 3.

4.3.1. Do circuito perverso: sobrevivência, trabalho e estudo (1ª dimensão)

> *Quando eu cheguei aqui em 1977, não, eu vim em 1976, eu vim com dezenove anos. Eu trabalhava dentro do Acapulco. Não tinha nem jeito de ir pra escola. A condução de ônibus nem passava perto. Não tinha condição de sair de lá pra ir estudar no* Almeida Júnior. *Só trabalhar mesmo* (Severino, 47 anos, 2008, grifo do autor).

Como citado em epígrafe, o público investigado é formado por trabalhadores braçais, que não ingressaram na escola ou, se ingressaram, dela foram "expulsos", frente a diversos obstáculos: seja pelo peso das formalidades estruturais, seja pelo esgotamento de suas forças entregues ao trabalho braçal; seja pela falta de "fôlego" para estudar em condições desiguais para cumprir as mesmas exigências pedidas aos estudantes não trabalhadores.

O entrevistado diz: *"Não tinha nem jeito de ir pra escola"*. Severino relata quais foram os impedimentos reais de acessar a educação escolar. Relata que em 1977 trabalhava no bairro Acapulco. Trata-se de uma área nobre no Guarujá, com condomínio e enormes mansões. Explica suas tentativas de frequentar a escola "Almeida Júnior" – escola que ficava mais próxima da área central da cidade e distante da Vila do Areião –, onde residia o autor.

Esse estrevistado não diz a data que procurou vaga nessa escola formal, contudo, faremos algumas inferências. A escola citada pelo autor foi criada no dia 13/06/1988. A Constituição de 1988 prevê o direito à educação para toda a população, entretanto, nas décadas de 1980 e 1990 as modalidade de Educação de Jovens e Adultos (EJA) são consideradas como obsoletas. Nesse período, havia apenas poucos polos de Movimento Brasileiro de Alfabetização (Mobral), que teve início no Brasil em 1967. O estrevistado não relata ingresso no Mobral, mas outra estrevistado diz que; *"em 1975 e 1976, na Vila Sapo, abriram uma escolinha do Mobral"* (Sebastiana, 2008), portanto bem próximo da localidade onde Severino residia.

Já no período de 2000 a 2008, havia duas grandes escolas nas proximidades das Vilas Rã, Areião e Sôssego. Contudo, não é possível assumir uma posição ingênua e superficial acreditando que somente porque há escolas no bairro desses migrantes seria garantido o acesso à educação na modalidade de Educação de Jovens e Adultos. Nada disso. Trata-se de uma realidade bem definida que revela a dinamicidade das relações contraditórias do convívio social e de exclusão social.

Sabemos que a oferta da modalidade da EJA aconteceu após a Lei de Diretrizes e Bases da Educação Nacional (LDB) (Brasil, 1996). Inferimos que, talvez, Severino tenha procurado uma vaga na escola somente depois da década de 1990. Esse fato mostra que as classes populares de adultos e não alfabetizadas eram totalmente invibilizadas e, assim, mostra os obstáculos reais das condições de vida, presa no circuito perverso, que os impediram de acessar a educação escolar.

Durante o período que frequentou a experiência de alfabetização "não escolar", Severino apresentava problemas de saúde em decorrência de sua condição de vida e de trabalho que também obstaculizava sua frequência em uma escola regular. As restrições médicas e as suas condições físicas impediam de executar trabalhos braçais. Ele tinha problemas cardiácos, mas mesmo assim continuava a trabalhar como pedreiro para sobreviver. Ou seja, tanto na ocasião em que buscou uma escola formal, após a década de

1990, quanto durante a experiência de alfabetização "não escolar", é mantida a mesma situação de exclusão social e escolar.

Outra estrevistada, aqui denominada por Graça, em Roda de Diálogo, narrou uma situação semelhante à história de vida de Severino. Ela disse:

> *Meu nome é Graça, tenho 46 anos, tô aqui em Guarujá há 14 anos, foi quando fiquei grávida do meu filho, né, antes eu morava e trabalhava em Santos, trabalhei três anos no Gonzaga. Depois eu cunhici o meu marido e vim pr'aqui e num tive opurtunidadi di ixtudá puquê quando eu era pequena, meu pai faleceu muito cedo e a gente tinha que trabalhá... a gente só tinha duas opção: ou trabalhava ou... passava fome! E eu escolhi trabalhá! Quando eu trabalhava comecei como babá, depois comecei como doméstica, e trabalhava muito tempo... trabalhava num canto trabalhava nim oto, aí quando achava oportunidade di ixtudá aí sempre num dava puquê a patroa chegava tarde, e fazia curso, e num tinha tempo, e passeava muito e eu tinha qui ficá cum as criança né... a minha sorte é qui sempre quando eu trabalhava, todo lugar sempre tinha criança, nunca não tinha criança....então eu tinha que ficar com as criança. E depois fui crescendo e cada vez que queria istudá... sempre... tinha criança... num dava pra estudá di jeito ninhum. Aí uma veiz eu entrei pra ixtudá, mas aí eu faltava muito... aí às vezes numa semana eu ia duas três veiz na ixcola... aí eu falei assim aí num dá o qui é que eu vô fazê dois treis dia na ixcola... num vô aprendê nada!!! Aí eu pegava e saía! Aí eu saí isso foi logo pra lá que eu ixtudei... mori, morava... morei em Recife, Pernambuco, lá ido...lá... quandu cheguei aqui ainda tentei né, mais é muito difícil ali no Gonzaga de você achá um colégio de arfabetização... aí pequei e disisti, disse num vô istudá.Quandu cheguei aqui ainda tentei, né, mais é muito difícil vim pra cá...só ficava trabalhando..aí..hum..disinteressei Aí quandu vim pra cá...[25] Aí quandu vim pra cá aí quandu foi uma vez eu tava aí[26] Elvira minha vizinha falou assim pra*

> mim: *Graça vai abri um curso de arfabetização aqui no cantero de obra, eu falei assim: Mais que hora, Elvira, aí falou assim: Ah! É cinco hora da tarde. Aí eu falei assim: cinco dá pra mim ir. Aí eu comecei a istudá aqui, aí fiquei, passei o ano todinho istudando.* (Maria da Graça, 2006)

Nesta transcrição, as palavras foram grafadas com proximidade ao modo como foram pronunciadas. Buscamos, assim, sinalizar a distância entre o real no campo da linguagem, sem criar esteriótipo. Objetivamos, sobretudo, dar ideia de dialetos, dos modos de expressão, do esforço de falar de acordo com a norma culta, misturado o modo da fala coloquial e cotidiana.

Verificamos que a estrevistada discorre sobre sua história de vida ligado-a à manutenção da vida. Ela sabe que sobreviver é o primeiro objetivo a ser alcançado. E que não teve oportunidade de estudar e diz: "*a gente só tinha duas opção, ou trabalhava, ou passava fome!*" (Graça, 2008, 46 anos). A prioridade da sua condição de vida é a manutenção elementar da própria existência. Ela não trata dos problemas sociais e os motivos que causam a desigualdade social.

Freire (1979) nos diz que

> [...] ninguém luta contra forças que não compreende, cuja importância não mede, cujas formas e contornos não discerne; mas, nesse caso, se as suporta com resignação, se busca conciliá-las com práticas de submissão de luta (Freire, 1979, p. 40).

Verificamos que na história de vida relatada pela migrante, o inimigo imediato a ser combatido era a fome, e não compreende os reais motivos que conduzem à miséria e à fome.

No âmbito do quadro teórico aqui escolhido, nos remete a hipótese de Marx sobre a necessidade de unir o ensino ao trabalho, criando vínculo entre o tempo de trabalho e o tempo livre, o que não significa educar para o trabalho, mas educar com o trabalho. No levantamento da realidade de vida dos migrantes pesquisados, nota-se que, talvez, isso seria uma via possível de produzir um conhecimento que desvele os reais motivos da desiguladade social e o processo emancipatório.

Nesse sentido, Freire (1979, p. 25) também nos diz que estava plenamente convencido de que "a educação, como prática de liberdade, é um ato de conhecimento, uma aproximação crítica da realidade".

Em relação à visão de mundo e saberes dos migrantes citados, em relação à questão da trabalho/sobrevivência, destacamos que são relatos de quem executa trabalhos braçais e de prestação de serviços, sem a exigência de escolarização. Explicam como conseguiram sobreviver e, ao mesmo tempo, quais eram as suas marcas existenciais inerentes àqueles excluídos socialmente. Em seus depoimentos aparece a crença de naturalizar a segregação social e a educação não é compreendida como um direito.

Em relação à visão de mundo e aos saberes dos migrantes sobre a universalização escolar, verificamos nas vozes dos participantes que eles compreedem a escola como algo de elevado valor e, ao mesmo tempo, algo inatingível para eles. O migrante Severino, por exemplo, explica os inúmeros motivos por que não está *"num colégio mais alto"*, como ele mesmo disse. Para ele, a escola está num pedestal de grande importância. Ele aprendeu a ler e escrever na experiência de alfabetização "não escolar", no entanto, são mantidas as atitudes e condutas de baixa autoestima por nunca ter frequentado uma escola formal.

As narrativas dos migrantes mostraram a importância de uma discussão da Educação de Jovens e Adultos presa à temporalidade, ao espaço formal e à rigidez (estruturada, fechada e burocratizante) da organização escolar que não coadunam com a realidade do trabalho braçal do público investigado. Verificamos que esses fatores impõem barreiras que inibem o acesso à escolaridade.

Em decorrência disso, defendemos, de modo aproximando, como foi realizado o experimento de alfabetização "não escolar", de que, na dialeticidade, ou seja, na união entre a educação pública e a educação popular, numa prática educação emancipatória, seja possível incluir pessoas cujas condições de vida estão presas ao circuito perverso: sobrevivier, trabalhar e estudar. É preciso criar caminhos criativos que possibilitem a inclusão escolar e social de grupos sociais de maior vulnerabilidade social, marcados pela invisibilidade.

No próxima subseção, apresentaremos a primeira unidade de sentido que organizou a exposição a respeito da discussão dos resultados obtidos.

4.3.1.1. Os saberes cognitivos/afetivos/sociais/culturais (1ª unidade de sentido)

> [...] tenho, muita vontade de aprender a ler e escrever, é verdade, mas são muitas coisas na cabeça da gente. Hoje eu estava tão cansada, fizemos uma faxina brava lá no restaurante. Que, meu Deus! Eu fiquei pensando nessa reunião que a gente ia ter. Falei pro meu patrão e ele me elogiou; disse que já estou assinando meu nome legal. Disse: Oh! -fazendo um sinal positivo com a mão. Falei dessa reunião do meu colégio. Eu disse: "eu tenho que ir lá". Eu tenho vontade. Né, gente! Foi difícil, mas estou aqui. Eu tenho muita vontade de ler (Palmira, 2008).

Nesta primeira unidade de sentido, para analisar as falas dos participantes, no contexto da dimensão do circuito perverso, objetivamos aprofundar, de modo especial, quais são os saberes cognitivos/afetivos, sociais e culturais e a visão de mundo/ crenças em relação ao acesso à escolarização presentes na voz de uma migrante.

Em Roda de Diálogo (RD), quando dialogávamos sobre o desejo de estudar, a autora citada em epígrafe continuou sua narrativa e deixou escapar posições contraditórias. Num momento, relata que devido ao seu trabalho desgastante, diz que é difícil manter atenção nos estudos, depois afirma que *estudar depende do interesse cada um*" (Palmira, 2008).

Ela narra que quando era muito pequena, e que *"não me entendia como gente"* (Palmira, 2008), teve que cuidar de outras crianças, ou seja, trabalho infantil. Somente quando já era "mocinha" é que teve chance de ir à escola. Relata que não teve direito à infância. Quando foi para uma escola rural e encontrou outras crianças, tudo lhe pareceu uma grande diversão, e preferiu ficar nas brincadeiras. Assim, não se ajustou aos ritos escolares, foi expulsa da escola e voltou para o trabalho na roça. Logo depois casou e passou a cuidar de filhos, da casa e do trabalho braçal na roça.

A entrevistada expressa, no jogo das objetividades/subjetividades, algumas falas contraditórias entre *"estar muito cansada para estudar"* e *"que depende do interesse de cada um"*, sugerindo: a) a questão das influências impulsionada pelo ideário liberal que impõe que a responsabilidade é sempre do indivíduo; b) a consciência ingênua, ao revelar certa simplicidade ao interpretar o problema e a aceitação de ter sido segregada do direito de estudar; c) e a naturalização dos problemas sociais de uma sociedade injusta e desigual.

Além desses aspectos, o relato sobre a trajetória de vida da Dona Palmira mostrou os seguintes saberes cognitivos/afetivos, sociais e culturais e a visão de mundo/crenças: a) de que na infância não foi merecedora de frequentar a escola porque não se ajustou aos ritos escolares; e, ainda, a escola rural que frequentou não tinha um professor formado, mas alguém de sua localidade de origem, e diz que não aprendeu ler e escrever porque só queria brincar e, por este motivo, foi expulsa da escola, indo para o trabalho braçal; b) em relação à alfabetização "não escolar", tem a crença de que Deus enviou uma professora de verdade. Ela diz que, pela primeira vez, num canteiro de obras, já adulta, teve contato com uma professora "de verdade"; c) no seu depoimento, em nenhum momento expressa a queixa de ter sido lesada no direito de estudar. Assume que a situação de exclusão escolar foi algo ligado à sua própria responsabilidade; d) mostra uma conduta baixa autoestima que justifica o seu não ingresso na escola.

Além dos saberes supracitados, apareceu também os saberes cognitivos/afetivos/sociais/culturais ligados à questão de exclusão de gênero. Verificamos isso também na voz de outra migrante, que diz:

> *Levanto bem cedo às seis horas da manhã, pra deixar a casa em ordem. Trabalho há vinte e três anos no mesmo batente. Quando eu comecei a estudar eu fiquei tão ansiosa que até fiquei doente. Tive que parar, você lembra disso, Zulmira? Eu não dormia e ficava só pensando no meu trabalho e nos "sofrimentos da vida". Você sabe o que é trabalhar vinte e três anos no mesmo balcão? Servindo, fazendo almoço pra tanta gente. Servindo café, fazendo salgados, uma pessoa sozinha? Eu estou muito cansada, mas eu não vou desistir. Hoje já sou aposentada e continuo trabalhando. Hoje é mais fácil eu desistir do trabalho do que parar de estudar, porque hoje eu tenho que conseguir aprender* (Luiza, 55 anos, 2008)

A entrevistada destaca sua jornada dupla, as tarefas domésticas e o trabalho como cozinheira em um restaurante. Essa discussão sugere reflexões sobre questões ligadas à opressão de gênero, colocando a mulher num circuito ainda mais perverso. As migrantes que participaram da Roda de Diálogo, em muitos momentos, deixam aparecer a questão da discriminação, desvalorização e invisibilidade de gênero, em que o papel das mulheres se mantém restrito à manutenção do lar e ao cuidado para com os filhos.

Os depoimentos femininos das migrantes pesquisadas, de modo geral, expressam como, geralmente, a condição da mulher é sobrecarregada pela tripla jornada de trabalho: o trabalho doméstico, o papel isolado de cuidar dos filhos e o trabalho fora do lar; sendo que a maioria delas não tem registro oficial na carteira profissional e a condição salarial é de baixa remuneração.

Outra migrante, por exemplo, relata que serviu de suporte ao seu cônjuge para que ele pudesse frequentar uma escola, entretanto, ela mesma não pôde frequentar, inclusive os encontros-aula da alfabetização "não escolar", que é próxima à sua moradia, vê-se impedida de frequentar com assiduidade devido às tarefas domésticas e aos cuidados com os seus filhos.

Havia mulheres no grupo que assumem a chefia financeira da família, seja porque o parceiro esteja desempregado, seja porque estão separadas, viúvas ou mães solos; outras assumem os trabalhos do lar porque mantêm o ideário patriarcal de que a função exclusiva da mulher deve ser limitada às tarefas domésticas; muitas delas são impedidas de trabalhar pelos seus parceiros; ou, ainda, há casos de parceiros alcoólatras que as oprimem ainda mais.

Portanto, a condição de ser mulher agrava ainda mais a perversidade cíclica (a sobrevivência, o trabalho e o desejo de aprender a ler e a escrever), e acentua a questão da exclusão social e a não apropriação da leitura e da escrita. Para elas, as barreiras e as discriminações são maiores.

Por fim, os saberes dos participantes revelavam, sobretudo, que a necessidade de sobrevivência e a força exigida no trabalho, e questões ligadas à exclusão social, obstaculizaram o acesso à escola. Daí a importância de asumir a dimensão desse "circuito perverso" como a base para compreender a condição de vida dos migrantes aqui investigados.

A seguir, apresentaremos a dimensão de análise "Identidade", pela categoria "para si" e "para outro" em Dubar (1997). Trata-se de, de tudo que já foi dito, uma referência periférica para compreender os saberes dos migrantes no âmbito social e cultural, portanto, o objeto perquerido.

4.3.2. Da Identidade social e profissional (2ª dimensão)

Tenho 54 anos,né,foi muito difícil ter chegado até aqui, mas graças a Deus né, tamo aqui né... eu vim conhecê uma escola boa, né, para aprende o ABC que eu não conhecia. Encontrei uma professora muito boa, mandada por Deus,né, que está ensinando.Tô ó ! Levando legal mes-

> *mo,tô conhecendo o que eu não conhecia o arfabeto, né,e graças a Deus que Jesus abençoe ela. (Sebatiana.2008)*

Como dito em epígrafe, verifica-se que os obstáculos à inclusão social e ao acesso à alfabetização relacionam-se, perifericamente, à construção identitária social e profissional. A autora não acreditava se conseguiria aprender a ler e escrever. Entretanto, os obstáculos hegemônicos são as condições concretas e materiais ligados à luta pela sobrevivência e à força dedicada ao trabalho.

Dubar (2005, p. 137) define que os "atos de atribuição os que visam a definir 'que tipo de homem (ou de mulher) você é'", ou seja, a identidade para o outro; atos de pertencimento os que exprimem "que tipo de homem (ou de mulher) você quer ser, ou seja, a identidade para si". Este autor cita Habermas (1981, tomo II, p. 115), que diz: "a condição para que essa pessoa possa ser identificada genérica e numericamente pelos outros".

Assim, de acordo com os dados obtidos em Roda de Diálogo, na dimensão identitária, verificamos que os migrantes demonstraram dificuldade em perceber valor em si mesmo. Dubar (1997) trata da identidade social e profissional pela identificação/diferenciação e das atribuições e pertenças e as etiquetas recebidas na sociedade. As vozes dos sujeitos revelam a presença da etiqueta de pessoas não alfabetizadas que, motivadas pela não formação escolar, mostram que são incapazes de olhar para o futuro. Essa condição é embricada pelas suas histórias de vida e condições de trabalho.

Logo, verificamos que os migrantes revelam que o fato da não alfabetização é algo degradante que lhes causavam vergonha. Eles executam trabalhos braçais que, na construção social, são realizados por pessoas desprovidas de qualificação técnica. Assim, tanto "o ato de atribuição" quanto o "ato de pertencimento" têm as marcas identitárias de "para outro" e "para si" de inferioridade. Não se trata de um problema meramente de ordem psicológica, mas é uma construção social e profissional identitária.

Por fim, buscaremos demonstrar, em linhas gerais, as unidades de sentido circunscrita à trajetória pessoal e as condições de vida e de trabalho em relação às condição de exclusão social e do processo de alfabetização. Assim, na sequência, destacaremos o uso das narrativas em RD na alfabetização "não escolar".

4.3.2.1. Narrativas: experiências vividas em relação ao acesso à escola (2ª categoria de análise)

Conforme Lima, Geraldi e Geraldi (2015, p. 23), "a narrativa destaca-se por explicitar subjetividades em jogo, pela construção polifônica dos personagens, por um bom enredo e um desfecho moral", que, por sua vez, depende de quem ouve (Beijamim, 1985; Larrosa, 2002). Assim, pontuamentos que tanto as narrativas autobiográficas, da primeira etapa, produzidas individualmente, quanto as construídas em Roda de Diálogo, sob a interação do eu/ outro/ outrem[18], envolvem o supracitado pelos autores.

Os participantes da segunda etapa, ao tratar do "outrem com os outros", espontaneamente, produziram narrativas sobre as suas próprias histórias de vida e deixaram emergir a questão da identificação social em relação ao não acesso à educação escolar.

Nessa linha, vale a pena apresentar, na íntegra, a narrativa de uma das participantes do diálogo.

> *Eu sou Sebastiana, nasci numa cidade chamada Adustina e saí de lá há mais de trinta anos. Bom, eu tinha quinze irmãos, sempre trabalhei - sem férias, nossa vida só era trabalho. Os filhos homens, pra estudar tinha que ser à noite. Naquela época não tinha condução; a gente ia a pé pra escola. Eu tinha nove irmãos, tudo homem, eles aprenderam o mínimo, só até a quarta série. O que mais longe chegou foi até a quinta série. Naquela época não tinha escola de primeira, segunda, terceira e quarta série, tudo era junto. Eu tinha uma vontade enorme de estudar, mas meu pai dizia: "não".*

---

[18] *Cf.* (Capítulo 3): o uso do filme *Abril despedaçado*.

Meu pai era muito severo. Ele dizia: "Você não me fale mais em estudar, porque mulher nasceu pra trabalhar na cozinha, lavar e passar; você não pode estudar. Os homens estudaram, mas as mulheres não. Eu tenho uma irmã que estudou depois que chegou aqui em São Paulo. Hoje ela é mãe de família. Estudou um pouco e depois parou. Eu não tive chance de estudar. Primeiro fui pra cidade de São Caetano de Raposo, isso tudo em Pernambuco. Em 1959, casei e vim embora. Naquela época era tudo tão difícil. Eu gastei sete dias de viagem até chegar a São Paulo. A viagem foi difícil. O motorista perguntou se a gente queria trocar de ônibus. Eu tinha uma irmã que morava no Rio de Janeiro na cidade de Volta Redonda, aí resolvemos trocar de ônibus, mas eu não sabia o endereço, mas me deu vontade de tentar. Lá no Rio estava um calor horrível que ninguém aguentava. O ônibus estava todo quebrado e pra pegar o ônibus pra São Paulo só tinha no dia seguinte, naquela época, só tinha ônibus às seis horas da manhã do outro dia. Aí no outro dia, vim direto pra São Paulo. Vim direto pro Guarujá. No começo eu morei em Vivente de Carvalho [Distrito de Guarujá] na casa do meu cunhado e depois vim morar aqui na Vila Rã. Começamos a trabalhar. Em oito de novembro de 1959 cheguei aqui. Morei três meses na casa do meu cunhado em Vicente de Carvalho. Depois paguei cinco meses de aluguel aqui na Vila Rã. Depois passei a trabalhar de caseira na casa da minha patroa. Ali começamos a trabalhar, eu e meu marido. Fazia tudo e todo ano nascia um filho. Tive nove filhos e um parto foi de gêmeos. Eu sempre dizia pro meu marido: "eu quero estudar". Foi quando em 1975 e 1976, na Vila Sapo, abriram uma escolinha do Mobral. Comecei a frequentar junto com meu marido. Ele trabalhava na construção e eu no trabalho de doméstica e lavando roupa pra fora. Estudava à noite. Fiquei pouco tempo, porque meu marido estava sempre muito cansado e ele desistiu. Ele sempre dizia que não ia aprender nada, não. Aí eu tinha que desistir. Ele não me deixava estudar sozinha. Mais tarde, porque eu insisti muito, estu-

dei no colégio Almeida Júnior no supletivo. Na classe tinha uns quarenta e cinco alunos. A maioria era jovem de quinze e dezoito anos. Quando a professora chegava, ela enchia a lousa de cima a baixo. Pra quem não sabia nada como eu, "meu Deus do Céu", eu pensava: não vou aprender nada não. E era aquela zoada daqueles jovens. Eu pedia: "Vocês se comportem, tem gente aqui de mais idade". Mas, que nada! Todo mundo acabava a lição, e eu ficava lá com aquela lousa imensa. Era lição de Matemática, Língua Portuguesa... acho que eram umas cinco matérias. Trabalhava o dia todo e estudava à noite. Eu não conseguia aprender nada. No final do ano já ia receber o certificado, mas eu não sabia nada. Aí resolvi parar de estudar. Pensei, um dia eu volto a estudar. Quando começaram as aulas aqui, primeiro no Centro de Convivência, com a professora Kátia e como era de dia, meu marido disse: "Agora você pode estudar porque é de dia e são poucas horas. Estudar é um sonho que eu tenho na vida. Eu sei que vou realizá-lo (Sebastiana, 2008).

A autora descreve os vários obstáculos vividos em sua experiência de vida: as condições de sobrevivência do trabalho no campo; a questão de gênero, desde a infância, e depois de casada; as dificuldades enfrentadas no processo migratório, marcadas pela luta da sobrevivência; a não continuidade de políticas públicas, por exemplo, sua participação no Mobral; as experiências vividas quando frequentou a Educação de Jovens e Adultos e, por fim, o desfecho de uma possibilidade de frequentar os encontro-aulas na alfabetização "não escolar" perto de sua moradia.

Lima, Geraldi e Geraldi defendem a ideia de que:

> [...] é fundamental que os saberes da experiência sejam resgatados e postos em diálogos com o conhecimento científico, já que neste está baseado o modelo de educação existente que resulta da crença de que para a participação democrática é necessário que os sujeitos tenham acesso aos conhecimentos científicos, únicos que têm tido

espaço no modelo atual de ensino, o qual é preciso ultrapassar (Lima; Geraldi; Geraldi, 2015, p. 20).

Nesse sentido, extrair as narrativas das trajetórias de vida dos migrantes possibilitou a produção de conhecimento. Assim, no âmbito da questão identitária, em relação à não alfabetização e às análises no que se refere aos "atos de atibuição e pertença" (Dubar, 2005, p. 137) e, ainda, de que é "pela e na atividade com os outros, o que implica um sentido, um objetivo e/ou uma justificação, uma necessidade" (Dubar, 2005, p. 138).

Logo, foi possível tratar, em situação de alfabetização "não escolar", os reais sentidos sobre a etiquetagem de inferioridade dada às pessoas que não tiveram oportunidade de ingressar na escola, bem como os motivos reais e concretos da exclusãos social, tendo em vista uma visão mais crítica e possível da realidade (Freire, 2019a).

Em síntese, e em certa medida, a temática da identidade, como uma construção dinâmica da identidade social e profissional (Dubar, 1997; 2005), tratada nos encontro-aulas, mostrou ser uma importante ferramenta para tratar dos obstáculos que sofrem os migrantes investigados em relação à inclusão social e escolar.

Esperamos que este estudo, de acordo com o recorte apresentado, possa contribuir para a criação de formas criativas e inclusivas, tanto no aspecto da estruturação de modelos que favoreçam o ingresso de pessoas não alfabetizadas à educação escolar, e sem ficar preso aos ritos burocratizantes, quanto à prática educatica que objetive a vocação humana de *"ser mais"*, a transição da "consciência ingênia para a mais crítica", em Freire (2019a), e, ainda, considerando a construção social identitária, nos atos de atribuição e pertença em Dubar (1997).

CONSIDERAÇÕES FINAIS

O homem, como um ser histórico, inserido num permanente movimento de procura, faz e refaz constantemente seu saber. E é por isso que todo saber novo se gera num saber que passou a ser velho, o qual, anteriormente gerando-se num outro saber que também se tornara velho, se havia que se instalava como um ser novo. (Freire, 1977, p. 47).

Nessa relação gnosiológica do saber, apresentada por Freire (1977), buscou-se neste estudo tratar o problema dos obstáculos que sofreram os migrantes investigados, sujeitos históros-sociais, em relação ao acesso ao conhecimento da leitura e da escrita na educação escolar.

Neste intuito, ou seja, na certeza de que é num "permanente movimento de procura" que se "faz e refaz constantemente o seu saber." (p. 47), dividimos o desfecho deste estudo em quatro momentos: 1) retomada de temática da pesquisa; 2) considerações finais a respeito dos objetivos desta pesquisa; 3) análise do pressuposto inicial, por fim; 4) uma reflexão final sobre uma possível continuidade deste estudo

Assim, a temática desta pesquisa envolveu a condição material, social, histórica, cultural e econômica de migrantes nordestinos em situação de alfabetização "não escolar" que, mediante vicissitudes sociais e econômicas, não tiveram acesso à escolarização para a apropriação da leitura e escrita e, ainda, sobre seus saberes e visão de mundo sobre as possibilidades de ingressar/permanacer, ou não, na escola.

Nesse alianhamento, focalizamos o objeto deste estudo, ou seja: "as condições de vida de migrantes investigados, que sofrem as vicissitudes ligadas à exclusão social, que obstaculizam o acesso à educação, em especial à alfabetização de adultos".

Este estudo, partindo do parâmetro de uma experiência de alfabetização de adultos, buscou constituir uma situação aproximada que evocasse a união da educação popular e da pública

(Freire, 2020), cunhada, aqui, pelo termo "não escolar". Não houve a intenção de negar a escola pública, tampouco valorizar em demasia os caminhos alternativos, como também a negação de planos, estruturas e metodologia que devem assumir o "rigor ético e didático", expostos por Freire (2019a). Esse autor nos diz, ainda, que a educação popular e a pública devem ser "substantivamente democrática, jamais separa do ensino dos conteúdos o desvelamento da realidade" (Freire, 2020, p. 118).

Assim, os procedimentos metodológicos utilizados foram fundamentados em bases éticas da pedagogia crítica freirena. A partir das vozes dos entrevistados que estão fora da escola, buscamos analisar um caminho possível de superação, em especial aos problemas ligados à burocratização dos quadros escolares. Uma das migrantes nos disse: "*é a primeira vez que tenho uma professora de verdade*" (Palmira, 2008, 58 anos).

Os dados foram analisados a partir da triangulação entre: a) condição humana material histórica em Karl Marx ; b) a vocação de "*ser mais*" na direção da humanização e da criticidade possível, e por fim; c) a construção identitária pela atividade de trabalho em Dubar (1997; 2005); sendo que, este último, foi usado para tecer análises periféricas.

Nesse sentido, traçamos aqui algumas considerações finais a respeito de cada objetivo específico desta pesquisa.

1º Objetivo: compreeender a condição de vida de migrantes, sujeitos históricos-sociais, investigados nesta pesquisa, no âmbito dos estudos filosófico-antropológicos, pelo viés da triangulação entre conceitos teóricos marxista e freireano e a questão identitária pela atividade de trabalho.

- Apoiados em Marx (1979), compreendemos a condição humana, sua presença no mundo, seu papel e sua identidade; reconhecendo-o, implicitamente, em sua interação com a realidade, na qual exerce uma prática intencionalizada, objetivada, transformadora; em que o próprio homem se autoproduz. Essa constituição histórica, sob o ângulo de um homem social, remete imprescindivelmente a um entendimento da coletividade humana que é geradora de relações de partilhas, portanto um processo histórico e de relações dialéticas: o homem é um constructo social; arquiteto de sua identidade, transformador da realidade pela ação intencionalizada (Marx, 1979, p. 41-42).

- Neste âmbito teórico, podemos afirmar que a condição de vida dos migrantes investigados retrata a construção histórica, social, material e cultural de uma sociedade capitalista que promove as desigualdades sociais e mantém suas relações de partilha. Ela mantém essa realidade ligada à premissa: "os homens, não são isolados nem fixos de uma qualquer forma imaginária, mas apreendidos no seu processo de desenvolvimento real em condições determinadas" (Marx; Engels, 1979, p. 40), portanto, assim, produzem sua existência ligada a três aspectos: a) existe um determinado modo de cooperação de vários indivíduos; b) sempre envolveu a luta de classes; c) a base da estrutura da sociedade capitalista é a economia, constituída na historicidade material e social.

- Se de um lado, Marx e Engels (1979, p. 40) explicam que a base material histórica e social da produção da própria existência e a condição humana é histórica e material, de outro, Freire (2014a, p. 33) assume, radicalmente, que o núcleo fundamental e a base de sustentação do processo educativo é o "inacabamento ou inconclusão do homem". E nos diz que "não há prática educativa, como de resto nenhuma prática, que escape a limites. Limites ideológicos, epistemologicos, políticos, econômicos, culturais" (Freire, 2014a, p. 113). O autor trata da importância da humanização ligada à vocação humana de *"ser mais"*, das relações de opressores e oprimidos que se introjetam.

- A este respeito, Franco (2017, p. 152), a partir de suas análises das contribuições de Paulo Freire, também nos diz que a prática educativa emancipatória "não dissocia a racionalidade pedagógica crítica dos processos de reflexibilidade, dialogicidade e politicidade". Logo, pautamos as condições e os processos de alfabetização pelos eixos norteadores e diáleticos: humanização/liberdade, ato educativo/político; diálogo/processo de reflexibilidade. Esses quesitos são indispensáveis tanto à constituição de políticas públicas e quanto às práticas educativas que, nesse caso, utilizamos no experimento nos âmbitos organizacionais e pedagógicos.

- Nos marcos teóricos freireanos foi possível identificar os saberes migrantes de uma consciência ingênua para uma mais crítica possível. Além disso, adotar os procedimentos didáticos de uma investigação temática (Freire, 2019a) e a realização das Rodas de Diálogos, a respeito do circuito pervero: sobrevivência, trabalho e desejo de estudar, foi uma forma de contribuir para promover o diálogo sobre a condição de vida dos migrantes investigados. Logo, essa contribuição teórica pemitiu tratar da razão da condição de vida pela compreensão do inacabamento, da historicidade e do "ser mais", elementos estes fundamentais para a prática educativa humanizante/emancipátória.

- Dubar (2005), em relação à construção dinâmica das identidades sociais e profissionais, afirma que:

  > No primeiro caso, os indivíduos constroem uma identidade profissional (de ofício) projetando-se em um plano de qualificação, o que implica reconhecimentos de "profissionalidades" estruturantes; no segundo caso, as identidades profissionais (de empresa) são construídas por projeção no espaço de poder hierárquico, implicando reconhecimentos de "responsabilidades", estruturantes da identidade (Dubar, 2005, p. 324).

- Por conseguinte, verificamos nos depoimentos dos migrantes a dinâmica da identidade profissional, implicadas por projeção de espaço de poder e reconhecimento. De um lado, ao projetar-se na condição de que não alfabetizados demonstram a situação degradante que lhes causava vergonha e baixa autoestima. De outro, ao projetar-se como aquele que, após a migração, adquiriu novas aquisições de conhecimentos técnicos da força do seu trabalho, demonstraram um espaço de poder e reconhecimento "para si" e "para o outro" (Dubar, 1997).

- No entanto, como explica Dubar (2005), a questão identitária não se resolve pelo caminho da psicologização, mas no contexto histórico-social da condição humana. Os migrantes investigados ocupam lugares de menor relevância no plano de qualificação profissional e social. Seus saberes, constituídos em suas vivências, nem sempre são validados, porque o acento está sobre o contexto material e histórico-social.

- Nesse sentido, tecemos uma reflexão sobre a condição de pessoas não alfabetizadas, situando dois exemplos de organização societária. Primeiro, a cultura de povos originários que valorizam seus pajés e os idosos pelas sabedorias adquiridas na vivência. Segundo, um exemplo dado pela história. Carlos Magno ou Carlos, o Grande, embora não soubesse ler e escrever, foi o primeiro imperador reconhecido a governar da Europa ocidental desde a queda do Império Romano do Ocidente, a partir do ano 800. Ainda nessa lógica, Freire (2006b, p. 69) nos diz que "[...] de um lado, não há absolutização da ignorância, do outro, em que o Povo tem o direito de saber melhor o que já sabe e saber o que aida não sabe". Portanto, tratar da construção identitária no processo de alfabetização de adultos pode contribuir com a reconstrução identitária de públicos semelhantes a esta pesquisa, num sentido da criticidade.

2º Objetivo: identificar e analisar os saberes cognitivos/afetivos, sociais e culturais e a visão de mundo dos migrantes sobre as vicissitudes do acesso e do não acesso à escolarização e de sua visão sobre as possibilidades de ingresso, ou não, na educação escolar, quais sejam, os migrantes:

a. estimavam a escola como um lugar de grande importância, no entanto, sabem que não podem acessá-la. Não compreendem o contexto sociocultural como causador e impulsionador dessa exclusão social. Antes, colocavam-se como alguém "desqualificado" para acompanhar os ritos escolares. Assumem a responsabilidade pelo fracasso. Desse modo, demostraram dois saberes importantes: que, em primeiro lugar, vem a sobrevivência, e nisso estão corretos, afinal: "o primeiro ato histórico é, portanto, a produção dos meios que permitem a satisfação destas necessidades [comer, beber, ter habitação, vestir-se e algumas coisas mais], a produção da própria vida material" (Marx; Engels, 1998, p. 21), e, em segundo, expressam que "não é a consciência que determina a vida, mas a vida que determina a consciência" (Marx, 1979, p. 39).

b. De modo contraditório, de um lado, em certa medida, alguns autores sabem que o modo como a escola é organizada é uma forma de exclusão social, por outro, não compreendem a educação como um direito. A educação formal, em seus ritos e formatos, desconsidera as condições de vida dos sujeitos investigados, portanto colaboram à conservação da exclusão social.

c. Verificamos, ainda, a presença das características da consciência ingênua (Freire, 2014a), como já explicitadas no capítulo anterior. Destacamos, aqui, a simplicidade na interpretação do problema da desigualdade social, da ideia de segregação social sob o viés de crenças e mitos. Apesar disso, identificamos nas narrativas dos migrantes algumas críticas que serviram de ponto de entrada para a realização da investigação temática e para organizar os conteúdos programáticos. Houve, asssim, a realização de diálogos para discutir as causas da exclusão social em vista da criticidade possível.

d. Em relação à visão de mundo, ou seja, a lente que utilizam para compreender a condição de exclusão do conhecimento da leitura e escrita, identificamos a influência do ideário liberal quando dizem a respeito da: "qualidade do ensino", depende da "força de vontade" do aluno; da ideia de mérito e responsabilização dos indivíduos; da ideia de merecimento e/ou capacidade. Logo, são as marcas da propaganda do pensamento neoliberal que responsabilizam o indivíduo pelos fracassos e pelos méritos e camuflam os reais motivos da desigualdade social.

3º Objetivo: refletir sobre uma investigação temática realizada em Rodas de Diálogo com os participantes desta pesquisa, na perspectiva da pesquisa de narrativas autobiográficas e da experiência do vivido.

a. Freire (1996b, p. 113) nos diz que "somente quem escuta paciente e criticamente o outro, fala com ele". Em decorrência disso, analisamos as narrativas dos migrantes que mostraram a necessidade de "abrir" outras condições à aprendizagem escolar, contudo, sem descuidar do direito à educação pública como um serviço de quem dela mais precisa.

b. Em relação ao objetivo de refletir sobre uma investigação temática realizada em Rodas de Diálogo com os participantes desta pesquisa, na perspectiva da pesquisa de narrativas autobiográficas e das "experiências vividas" (Lima; Geraldi, 2015), verificamos que serviu tanto para a pesquisa acadêmica quanto para o desenvolvimento dos procedimentos didáticos no processo de alfabetização realizados na experiência "não escolar".

c. Em decorrência disso, tanto este estudo quanto a prática educativa partiram do uso das narrativas dos migrantes para compreender os seus saberes (cognitivos, afetivos, socias e culturais) em relação o acesso, ou não, à educação escolar, mostrou, sobretudo, que essa "escuta" é um caminho freireano possível à prática educativa emancipatória, que visa à vocação de ser mais e à criticidade possível.

4º Objetivo: contribuir com a discussão sobre o direito à educação daqueles que não tiveram acesso à alfabetização escolar, portanto uma discussão sobre caminhos possíveis à inclusão social.

a. A condição de vida dos migrantes mostra que o tempo para o estudo escolar ficou impedido, pois o trabalho braçal esgotava seus esforços. Em relação ao processo migratório, apesar de ocupar novos espaços, prepondera a condição de rebaixamento da autoestima que, de certo modo, mostra-se como um dos obstáculo que os impede de permancer na escola [Lógica, que o problema da sobreviência tem maior destaque e é o motivo central da evasão escolar].

b. A experiência de alfabetização "não escolar" buscou caminhos possíveis à inclusão social, partindo de três questões importantes:

1. Os ritos burocráticos da escola formal não têm dado conta de superar a situação real de vida dos envolvidos, principalmente em relação "às questões ligadas à frequência, ao tempo, aos ritos, à inflexibilidade de horários". Além disso, "espaços próximos às moradias dos investigados" também mostrou ser um fator de inclusão (Cacemiro, 2008, p. 14).

2. Não é possível adotar campanhas de alfabetização, de caráter assistencialista ou de campanhas emergenciais, desrespeitando as peculariedades dos envolvidos,

sobretudo para tratar da problemática do desvelamento da realidade, tendo em vista a emacipação e a criticidade (Freire, 2019a).

3. Quanto ao processo de apropriação da leitura e escrita, utilizamos as narrativas dos próprios envolvidos, objetivando, assim, desvelar as relações das objetividades/subjetividades, tendo em vista o "ser mais" e a criticidade possível.

4. Por fim, unir o conceito de trabalho à alfabetização, porque sabemos que o ser humano se autoproduz (Marx, 1979) e constrói sua identidade pela atividade do trabalho (Dubar, 1997; 2012).

c. Nestas imbricações, buscamos organizar um outro formato organizacional educativo da alfabetização "não escolar". Para além, dos ritos burocráticos da escola formal que não têm dado conta de superar a situação real de vida dos envolvidos, principalmente em relação "às questões ligadas à frequência, ao tempo, aos ritos e à inflexibilidade de horários". Além disso, "espaços próximos às moradias dos investigados" também mostrou ser um fator de inclusão (Cacemiro, 2008, p. 14).

d. A organização pedagógica, seja por meio de programas emergenciais ou escolares formais, quando destituída do núcleo essencial da escola que é a competência técnica aliada ao compromisso político, torna-se esvaziada de sentido real. Já uma organização pedagógica que privilegia a qualidade de assumir a condição do sujeito histórico e social em processo de alfabetização pode ser um caminho de quebra da exclusão social, mas quando organizada fora desses pressupostos, ou seja, não assumindo a situação e as circunstâncias reais dos migrantes, é algo sem vida e carece de um sentido social.

e. Logo, a escola pública precisa ser efetivamente assumida e ligada à realidade socioeconômica dos que a ela têm dificuldade de acesso e que são marcados pelas inúmeras formas de exclusão. Nessas condições, os papéis do educador e do educando se entrelaçam, mediatizados por uma situação social e concreta que direciona a educação a uma realidade processual, humana, histórica, plena de relações sociais, e não há outra proposta, a não ser a prática intencionada que busque a libertação do sujeito alienado.

Em relação ao pressuposto inicial deste estudo, ou seja, em uma experiência de alfabetização "não escolar", buscou-se unir a validade formal da escola quanto à competência técnica e à função social da educação pública, mas ligada ao compromisso político humanista freireano que não dicotomizou a prática educativa da política, ou seja, de uma educação que "jamais separa do ensino de conteúdos o desvelamento da realidade" (Freire, 2020, p. 118).

Assim, os migrantes mostraram que desejavam ter acesso ao conhecimento da leitura e da escrita, e que, contraditoriamente, só o conseguem fora da escola e de sua rigidez burocrática. Nesse sentido, compreendemos que a negação da escola para reafirmá-la naquilo que deve ser recuperado, ou seja, a socialização do saber sistematizado. Como também em relação ao direito à educação escolar, contudo, no âmbito de uma educação emancipatória e humanizante. Temos a certeza de que a escola não é imutável e que pode ser reconstituída frente às condições de vida dos que dela mais precisam.

Este estudo apresentou as preocupações que sugerem o encaminhamento da busca de soluções frente à realidade daqueles que estão fora da escola. Tanto é verdade que as dificuldades dos migrantes não alfabetizados revelam que a escola não tem respondido a suas necessidades e que precisa organizar-se para fazê-lo. A organização formal e burocratizada da escola imprime uma forma que não coaduna com a população mais carente, que não apenas "não se adapta", pois tal situação é contrária à ideia de dialeticidade e diálogo freireano. Assim, como verificado neste estudo, a condição de vida dos migrantes é marcada pela exclusão social e da escola. Acreditamos nestes trabalhos unido a outros que tratam da união da educação popular à educação pública podem contribuir sobre políticas públicas frente as preocupações aqui levantadas.

Sabemos que a nossa sociedade, dita como democrática, conserva severas cisões sociais e materiais que compõem a base da não universalização escolar. Por conseguinte, defendemos a ideia de que, como no experimento de alfabetização "não escolar" existe a possibilidade de constituir caminhos criativos e desboracratizantes para a criação e aplicação de políticas públicas, na união/dialeticidade entre a educação pública e educação popular visando garantir o direito à alfabetização e à educação escolar do público pertencente às classes populares em condição de exclusão social e escolar.

Esperamos que o estudo apresentado neste livro, aliado a outros trabalhos acadêmicos afins, possa contribuir para ampliar e preencher lacunas referentes à questão problemática da inclusão dos mais desfavorecidos das classes populares à educação escolar, em especial sobre a inclusão de jovens e adultos na apropriação do conhecimento da leitura e da escrita, numa perspectiva crítica e emancipatória.

REFERÊNCIAS

ABDALLA, Maria de Fátima Barbosa. A pesquisa-ação como instrumento de análise e avaliação da prática docente. **Ensaio:** aval. pol. públ. Educ., Rio de Janeiro, v. 13, n. 48, p. 383-400, Set. 2005. Disponível em: http://www.scielo.br/scielo. Acesso em: 26 jul. 2008.

ABDALLA, Maria de Fátima Barbosa. **O Professor do Ensino Fundamental II:** políticas, práticas e representações. Projeto de Pesquisa/CNPq - Instituto de Pesquisas Científicas e Tecnológicas, Universidade Católica de Santos, Santos, 2016a, p. 1-24.

ABDALLA, Maria de Fátima Barbosa. Novas formas de pensar a aprendizagem profissional: as narrativas como dispositivo de formação. *In:* VIII CONGRESSO INTERNACIONAL DE PESQUISA (AUTO) BIOGRÁFICA, 8, 2018, São Paulo, **Anais [...]**, São Paulo, 2018, p. 1-18.

AGUILAR, Donaldo Huchim; CHÁVEZ, Rafael Reyes. La investigación biográfico-narrativa, una alternativa para el estudio de los docentes. **Revista Actualidades Investigativas en Educación,** Las Matas (Madrid), v. 13, n. 3, p. 1-27, set./dez., 2013.

ALBERTI, Verena. **Manual da História Oral.** 3. ed. Rio de Janeiro: Editora FGV, 2004. p. 81-99.

ANDREOLA, Antônio Balduino. Existencialismo. *In:* STRECK, Danilo. R.; REDIN, Euclides; ZITKOSKY, Jaime José (org.). **Dicionário de Paulo Freire.** Belo Horizonte: Autêntica Editora, 2008, p. 184-185.

ALVES-MAZZOTTI, Judith.; GEWANDSZNAJDER, Fernando. **O método nas ciências naturais e sociais:** pesquisa quantitativa e qualitativa. 2. ed. São Paulo: Pioneira, 1999.

AVELAR, Marina. Entrevista com Stephen John. Ball: uma análise de sua contribuição para a pesquisa em Política Educacional. **Archivos Analíticos de Política Educativas,** Buenos Aires v. 24, n. 24, p.1-18,

2016. Disponível em: http://josenorberto.com.br/ BALL.%2037415201. pdf. Acesso em: 15 maio 2018.

BAKHTIN, Mikhail. **Estética da criação verbal**. São Paulo: Martins Fontes, 1993.

BAKHTIN, Mikhail. **Questões de literatura e de estética**. São Paulo: Unesp/Hucitec, 1998.

BAKHTIN, Mikhail. **Para uma Filosofia do Ato Responsável**. São Carlos: Pedro e João Editores, 2010.

BALL, Stephen John. Diretrizes políticas globais e relações políticas locais em educação. **Currículo sem Fronteiras**, Rio de Janeiro, v. 1, n. 2, p. 99-112, jul./dez., 2001.

BALL, Stephen John. Sociologias das políticas educacionais e pesquisa crítico-social: uma revisão pessoal das políticas educacionais e da pesquisa em política educacional. *In*: BALL, J.; MAINARDES, J. (org.). **Políticas educacionais:** questões e dilemas. São Paulo: Cortez, 2011. p. 21-53.

BARDIN, Laurence. **Análise de Conteúdo**. Tradução de Luís Antero Reto e Augusto Pinheiro. São Paulo: Edições 70, 2016.

BAUER, Martin W.; AARTS, Bas. A construção do *corpus*: um princípio para a coleta de dados qualitativos. *In.*: BAUER, Martin W.; GASKEL, George (org.). **Pesquisa Qualitativa com texto, imagem e som:** um manual prático. Petrópolis: Vozes, 2002. p. 39-63.

BARREYRO, Gladys Beatriz. O "Programa Alfabetização Solidária": terceirização no contexto da Reforma do Estado. **Educar em Revista**, Curitiba, Brasil: Editora UFPR, n. 38, p. 171-191, set./nov., 2010. Disponível em: https://www.scielo.br. Acesso em: 12 jun. 2020.

BERALDO, Lílian. Cerca de 9% da população da cidade de São Paulo vivem em favelas: mapa da Desigualdade foi lançado pela Rede Nossa São Paulo. **Agência Brasil**, 23 nov. 2022. Disponível em: https://shre. ink/rf1h. Acesso em: 15 de fev. 2024.

BOLÍVAR, Antonio. De nobis ipsis silemus?": Epistemología de la investigación biográfico-narrativa en educación. **Revista electrónica de investigación educativa**, Ensenada, v. 4, n. 1, p. 01-26, 2002.

BRASIL. Lei n. 9394, de 20 de dezembro de 1996. Estabelece as Diretrizes e Bases da Educação Nacional. **Diário Oficial da União**: Seção 1, Brasília, DF, 23 dez. 1996. Disponível em: http://.planalto.gov.br/ccivil_03/leis/l9394.htm. Acesso em: 15 out. 2018.

BUZZI, Arcângelo R. **A identidade humana:** modos de realização. Petrópolis: Vozes, 2002a. p. 129-136/185-190.

CACEMIRO, Zulmira Ferreira de Jesus. **Trabalho, inclusão social:** trajetórias de migrantes inseridos na comunidade do Areião na cidade de Guarujá/SP. 2008. Dissertação (Mestrado em Educação) – Programa de Pós-Graduação em Educação, Universidade Católica de Santos, Santos, 2008.

CACEMIRO, Zulmira Ferreira de Jesus. Encontros-aula de alfabetização 'não-escolar': como forma de resistência à espaços/tempos neoliberais'. *In:* 13ª REUNIÃO REGIONAL SUDESTE ANPED, 2018a, Campinas-SP. **ANAIS [...]** São Paulo: ANPEd. v. 1. p. 1-6. Disponível em: http://anais.anped.org.br/regionais/p/sudeste2018/trabalhos Acesso em: 10 mar. 2024.

CACEMIRO, Zulmira Ferreira de Jesus. Narrativas de migrantes inseridos na experiência de alfabetização "não-escolar". *In:* CONGRESSO INTERNACIONAL DE PESQUISA (AUTO)BIOGRÁFICA, VIII., 2018b, São Paulo. **ANAIS** [...]. São Paulo: Congresso Internacional de Pesquisa (Auto) biográfica – CIPA, 2018. p. 1-19. Disponível em: https://viiicipa.biograph.org.br/anais-eixo2/. Acesso em: 24 nov. 2023.

CACEMIRO, Zulmira Ferreira de Jesus; NUNES, Valdilene Zanette. Narrativas de Migrantes: experiência de alfabetização "não escolar". *In:* ANTUNES, Aline Ferreira (org.). **Epistemologia e metodologia da pesquisa interdisciplinar em ciências humanas 2**. Ponta Grossa: Atena, 2021.

CHARLOT, Bernard. **A mistificação Pedagógica**: realidades sociais e processos ideológicos na teoria da educação. Rio de Janeiro: Zahar, 1979. p.89-106.

CHAVES, Eduardo O. C. A liberalismo na política, economia e sociedade e suas implicações para a educação: em defesa. *In*: **Liberalismo e educação em debate**. Campinas: Autores Associados, 2007. p. 1-60.

GHEDIN, Evandro.; FRANCO, Maria Amélia Santoro. **Questões de método na construção da pesquisa em educação**. 2. ed. São Paulo: Cortez Editora, 2011.

GIROUX, Henry. O pós-modernismo e o discurso da crítica educacional. *In*: SILVA, Tomaz Tadeu da. (org.). **Teoria educacional crítica em tempos pósmodernos**. Porto Alegre: Artes Médicas, 1993. p. 41-69.

CODATO, Adriano Nervo. Uma história política da transição brasileira: da ditadura militar à democracia. **Rev. Sociol. Polít.**, Curitiba, v. 25, p. 83-106, nov. 2005. Disponível em: https://www.scielo.br/j/rsocp/a/yMwgJMTKNWTwGqYTZMZcPhM/abstract/?lang=pt. Acesso em: 18 fev. 2019.

DELORY-MOMBERGER, Christine. Formação e Socialização: os ateliês biográficos de projeto. **Educação e Pesquisa**, São Paulo, v. 32, n. 2, p. 359-371, maio/ago., 2006.

DEMO, Pedro. **Pesquisa:** princípio científico e educativo. 12. ed. São Paulo: Cortez, 2006.

DUBAR, Claude. **A socialização:** construção das identidades sociais e profissionais. Porto: Porto Editora, 1997.

DUBAR, Claude. **A socialização:** construção das identidades sociais e profissionais. São Paulo: Martins Fontes, 2005.

DUBAR, Claude. A construção de si pela atividade de trabalho: a socialização profissional. **Cadernos de Pesquisa**, São Paulo, v. 42, n. 146, p. 351-367, maio/ago. 2012.

FERREIRO, Emília; TEBEROSKY, Ana. **Psicogênese da Língua Escrita**. 2. ed. Porto Alegre: Cortez, 1987.

FLICK, Uwe. **Desenho da pesquisa qualitativa**. Tradução de Roberto Cataldo Costa. Porto Alegre: Penso Editora, 2009. p. 116-147.

FRANCO, Maria Amélia Santoro. Pedagogia da pesquisa-ação. **Educ. Pesquisa.**, São Paulo, v. 31, n. 3, p. 483-502, dez., 2005. Disponível em: http://www.scielo.br/scielo. Acesso em: 10 mar. 2018.

FRANCO, Maria Amélia Santoro. Pedagogia da pesquisa-ação. **Educ. Pesquisa.**, São Paulo, v. 31, n. 3, p. 483-502, dez., 2005. Disponível em: http://www.scielo.br/scielo. Acesso em: 10 mar. 2018.

FRANCO, Maria Amélia Santoro. Da necessidade/atualidade da pedagogia crítica: contributos de Paulo Freire. **Revista Reflexão e Ação**, Santa Cruz do Sul, v. 25, n. 2, p. 154-170, maio./ago., 2017. Disponível em: http://online.unisc.br/seer/index.php/reflex/index. Acesso em: 10 mar. 2020.

FREIRE, Paulo. **Extensão ou comunicação?** 3. ed. Rio de Janeiro: Paz e Terra, 1977.

FREIRE, Paulo. **Desmistificação da conscientização.** São Paulo: Loyola, 1979a.

FREIRE, Paulo.**Teoria e prática:** uma introdução ao pensamento de Paulo Freire. São Paulo: Cortez e Moraes, 1979b.

FREIRE, Paulo. **Conscientização:** teoria e prática da libertação: uma introdução ao pensamento de Paulo Freire. São Paulo: Cortez & Moraes, 1979c.

FREIRE, Paulo. Investigação e metodologia da investigação do tema gerador. *In:* TORRES, C. A. **Consciência e história:** práxis educativas de Paulo Freire. São Paulo: Edições Loyola, 1979d. p. 63-84. (Coleção Paulo Freire 1).

FREIRE, Paulo. Criando métodos de pesquisa alternativa: aprendendo a fazê-la melhor através da ação. *In:* BRANDÃO, C. R. (org.). **Pesquisa participante.** São Paulo: Brasiliense, 1981, p. 34-41.

FREIRE, Paulo. **Educação como Prática de Liberdade.** 14. ed. Rio de Janeiro: Paz e Terra, 1983a.

FREIRE, Paulo. **Entrevista para o Jornal Psicologia** (JP). Conselho Regional de Psicologia de São Paulo, março de 1989.

FREIRE, Paulo. **Educação como prática da liberdade.** 22. ed. Rio de Janeiro: Paz e Terra, 1996a.

FREIRE, Paulo. **Pedagogia da Autonomia:** saberes necessários à prática educativa. São Paulo: Paz e Terra, 1996b. (Coleção Leitura).

FREIRE, Paulo. **Pedagogia da Indignação:** cartas pedagógicas e outros escritos. São Paulo: Editora Unesp, 2000. Disponível em: https://nepegeo. paginas.ufsc.br/files/2018/11/Paulo-Freire-Pedagogia-da-indigna%-C3%A7%C3%A3o.pdf. Acesso em: 21 set. 2022.

FREIRE, Paulo. Carta de Paulo Freire aos professores. **Estudos Avançados,** São Paulo, v. 15, n. 42, p. 259-268, ago. 2001a.

FREIRE, Paulo. **Educação na Cidade.** 5. ed. São Paulo: Cortez Editora, 2001b.

FREIRE, Paulo. **A educação na cidade.** 7. ed. São Paulo: Cortez Editora, 2006a.

FREIRE, Paulo. **A importância do ato de ler:** em três artigos que se completam. 47. ed. São Paulo: Cortez, 2006b.

FREIRE, Paulo. **A importância do ato de ler:** em três artigos que se completam. 47. ed. São Paulo: Cortez Editora. 2006b.

FREIRE, Paulo. **Educação e Mudança.** 36. ed. Rio de Janeiro: Paz e Terra, 2014a.

FREIRE, Paulo; SHOR, Ira. **Medo e ousadia:** o cotidiano o professor. Tradução de Adriana Lopes. Rio de Janeiro: Paz e Terra, 2014b.

FREIRE, Paulo. **Educação como prática da liberdade.** 40. ed. Rio de Janeiro: Editora Paz e Terra, 2017.

FREIRE, Paulo. **Pedagogia do Oprimido.** 81. ed. Rio de Janeiro: Paz e Terra, 2019a.

FREIRE, Paulo. **Pedagogia da Esperança.** 25. ed. Rio de Janeiro: Paz e Terra, 2019b.

FREIRE, Paulo.; FREIRE, A. M. A.; MENDONÇA, E. F. **Direitos Humanos e Educação Libertadora**. São Paulo: Paz e Terra, 2019c.

FREIRE, Paulo. **Política e Educação**. 5. ed. Rio de Janeiro/São Paulo: Editora Paz e Terra, 2020.

FREITAS, Luiz Carlos. Os reformadores empresariais da educação: da desmoralização do magistério à destruição do sistema público de educação. **Educação & Sociedade**, Campinas, v. 33, n. 119, p. 379-404, abr./jun., 2012.

GATTI, Bernadete Angelina. **Grupo focal na pesquisa em Ciências Sociais e Humanas**. Brasília: Liber Livro Editora, 2005.

GHEDIN, Evandro; FRANCO, Maria Amélia Santoro. **Questões de método na construção da pesquisa em educação**. 2. ed. São Paulo: Cortez Editora, 2011.

GIL, Antonio Carlos. **Como elaborar projetos de pesquisa.** 5. ed. São Paulo: Atlas, 2010.

GIROUX, Henry. O pós-modernismo e o discurso da crítica educacional. *In:* SILVA, Tomaz Tadeu da. (org.). **Teoria educacional crítica em tempos pós modernos**. Porto Alegre: Artes Médicas, 1993. p. 41-69.

GOOGLE. *Google Earth website*. Disponível em: http://earth.google.com/. 2021.

IBGE – Instituto Brasileiro de Geografia E Estatística. **Resultado do Censo Demográfico do Município de Guarujá, SP**. Rio de Janeiro: IBGE. 2010. Disponível em: https://cidades.ibge.gov.br/brasil/sp/guaruja/panorama. Acesso em: 12 nov. 2021.

IBGE – Instituto Brasileiro de Geografia E Estatística. **Resultado do Censo Demográfico do Município de Guarujá, SP**: subtítulo. Rio de Janeiro: IBGE. 2022. Disponível em: https://cidades.ibge.gov.br/brasil/sp/guaruja/panorama. Acesso em: 12 nov. 2021.

JAPIASSÚ, Hilton; MARCONDES, Danilo. **Dicionário básico de filosofia**. 3. ed. revisada e ampliada. Rio de Janeiro: Jorge Zahar, 1996.

KOSIK, Karel. **A dialética do concreto**. 7. ed. Rio de Janeiro: Paz e Terra, 2002.

LARROSA, Jorge *et al*. **Déjame que te cuente**: Ensaios sobre narrativa y educacion. Barcelona: Editorial Alertes, 1995.

LARROSA, Jorge. Notas sobre a experiência e o saber de experiência. **Revista Brasileira de Educação**, Rio de Janeiro, n. 19, 2002. Disponível em: https://doi.org/10.1590/S1413-24782002000100003. Acesso em: 20 abr. 2022.

LIBANEO, José Carlos; OLIVEIRA, João Ferreira de; TOSCHI, Mirza Seabra. **Educação Escolar:** políticas, estrutura e organização. São Paulo: Cortez, 2003. (Coleção Docência em Formação).

LIMA, Maria Emília Caixeta de Castro; GERALDI, Corinta Maria Grisolia; GERALDI, João Wanderley. O trabalho com narrativas na investigação em educação. **Educ. rev.** [on-line], v. 31, n. 1, p. 17-44, 2015. ISSN 0102-4698. Disponível em: http://dx.doi.org/10.1590/0102-4698130280. Acesso em: 02 fev. 2018.

LUCCI, Elian Alabi. **Geografia Geral do Brasil:** ensino médio. São Paulo: Saraiva, 2003.

MAINARDES, Jefferson. Abordagem do ciclo de políticas: uma contribuição para a análise de políticas educacionais. **Educação e Sociedade**, Campinas, v. 27, n. 91, p. 47-69, jan./abr., 2006.

MARTINS, Ângela Maria; WERLE, Flávia Obino Corrêa (org.). **Políticas Educacionais:** elementos para reflexão. Porto Alegre: Redes Editora, 2010.

MARX, Karl.; Engels, Friedrich. **A ideologia Alemã**. 2. ed. São Paulo, Ciências Humanas, 1979. p. 39 -77.

MARX, Karl. **O capital**. São Paulo: Abril Cultural, 1983. v. I / 1, cap. 5, p. 149-154.

MARX, Karl; Engels, Friedrich. **A ideologia Alemã**. São Paulo: Martins Fontes, 1998.

MARX, Karl. Grundisse. **Manuscritos econômicos de 1857-1858.** Esboços da crítica da economia política. eBook Kindle. São Paulo: Boitempo, 2011.

MANACORDA, Mario Alighiero. **Marx e a pedagogia moderna.** São Paulo: Cortez/Autores Associados, 2000. p. 75-86.

MANZINI, Eduardo José. A entrevista na pesquisa social. **Didática,** São Paulo, v. 26, p. 149-158, 1990.

MANZINI, Eduardo José. Considerações sobre a elaboração de roteiro para entrevista semiestruturada. *In:* MARQUEZINE, M. C.; ALMEIDA, M. A.; OMOTE, S. (org.). **Colóquios sobre pesquisa em Educação Especial.** Londrina: Eduel, 2003. p. 11-25.

MINAYO, Maria Cecília de Souza. **O desafio do conhecimento:** pesquisa qualitativa em saúde. 9. ed. São Paulo: Hucitec, 2006.

NÓVOA, António; FINGER, Mathias (org.). **O método (auto)biográfico e a formação.** Natal: EDUFRN; São Paulo: Paulus, 2010.

REGIÃO metropolitana da baixada santista. **Wikipédia:** a enciclopédia livre. Disponível em: https://pt.wikipedia.org/wiki/Regi%C3%A3o_Metro-politana_da_Baixada_Santista. Acesso em: 8 out. 2021.

SANTOS, Milton. **Por uma outra globalização:** do pensamento único à consciência universal. 14. ed. Rio de Janeiro: Record, 2007.

SAVIANI, Dermeval. **Pedagogia Histórico-Crítico:** primeiras aproxi-mações. 9. ed. Campinas: Autores Associados, 2005. (Coleção Educação Contemporânea).

SCAFF, Adam. **O marxismo e o indivíduo.** Rio de janeiro: Civilização Brasileira, 1967.

SERRANO, Fabio Eduardo. **Assentamentos Sub Normais em Guarujá.** 1997. Dissertação (Mestrado do Prograna de Arquitetura e Urbanismo), USP, abril, 1997.

SEVERINO, Antônio Joaquim. **Filosofia da Educação:** construindo a cidadania. São Paulo: FTD, 1994.

SEVERINO, Antônio Joaquim. A Pesquisa em Educação: a abordagem crítico-diálético e suas implicações na formação do educador. **Contrapontos** – Revista de Educação da Universidade do Vale do Itajaí. Itajaí, SC: Univali, ano 1, n. 1, jan/jun, 2001, p. 13-19.

SEVERINO, Antônio Joaquim. **Metodologia de trabalho Científico**. 22. ed. rev. e ampl. São Paulo: Cortez, 2002.

SILVA JÚNIOR, Celestino Alves da. A escola pública como objeto de estudo. **Revista Pesquisa Qualitativa**, São Paulo, v. 4, n. 4, p. 17–29, abr. 2016. Disponível em: https://editora.sepq.org.br/rpq. Acesso em: 9 ago. 2023.

SNYDERS, Georges. **Escola, classe e luta de classes**. 2. ed. Rio de Janeiro: Moraes editores, 1981.

SNYDERS, Georges. **Pedagogia Progressista**. São Paulo: Livraria Almedina, 1974.

STHEFAN, Heinz D. Glolización y educacion em América Latina. **Educação Sociedade**, Campinas, n. 52, p. 37-52, dez./1995.

TEDESCO, J. C. O compromisso docente com a justiça social e o conhecimento. *In*: SOUZA, C. P.; VILAS BÔAS, L. P. S.; ENS, R. T. **Representações Sociais:** políticas educacionais, justiça social e trabalho docente. Curitiba: Editora Champagnat, 2012.

THIOLLET, Miguel. **Metodologia da pesquisa-ação**. São Paulo: Cortez, 1986. p. 47-97.

TOLEDO, Valéria Diniz. **Inclusão Social e a arte na educação não-formal:** a experiência do Instituto Arte no Dique. 2007. Dissertação (Mestrado em Educação) – Programa de Pós-Graduação em Educação, Universidade Católica de Santos, 2007.

TORRES, Carlos Alberto. Estado, Privatização e Política Educacional: elementos para uma crítica do neoliberalismo. *In*: GENTILII, Pablo (org.). **Pedagogia da exclusão**. 12. ed. Petrópolis: Vozes, 1995. p. 109-136.

TORRES, Carlos Alberto. Estado, Privatização e Política Educacional: elementos para uma crítica do neoliberalismo. *In*: GENTILII, Pablo (org.). **Pedagogia da exclusão**. 12. ed. Petrópolis: Vozes, 1995. p. 109-136.

TORRES, Carlos Alberto. Estado, Privatização e Política Educacional: elementos para uma crítica do neoliberalismo. *In*: APPLE, Michael *[al at]*; GENTILI, Pablo (org.). **Pedagogia da Exclusão:** Crítica ao neoliberalismo em educação. Petrópolis: Vozes, 2007. cap. 4. p. 109-136. (Coleção Estudos Culturais em Educação).

TROMBETTA, Sérgio; TROMBETTA, Luís. Carlos. Incabamento. *In*: STRECK, Danilo; REDIN, Euclides; ZITKOSKI, Jaime José (org.). **Dicionário de Paulo Freire**. Belo Horizonte: Autêntica Editora, 2008. p. 228-229.

UNESCO – Organizações das Nações Unidas para a Educação, Ciência e Cultura. **Declaração Mundial sobre Educação Para Todos:** Satisfação das Necessidades Básicas de Aprendizagem, Jomtien, 1990. Jomtien, Tailândia: Unesco, 1990. Disponível em: https://unesdoc.unesco.org/ark:/48223/pf0000086291_por. Acesso em: 10 maio 2020.

VIEIRA, Evaldo. **Estado e Miséria Social no Brasil:** De Getúlio a Geisel. São Paulo: Cortez, 1987.